I0081248

Tradução
Transcriação
Transculturalidade

Tradução
Transcriação
Transculturalidade

Maria Clotilde Almeida
Luís Cavaco-Cruz
Iolanda Ramos

(Coordenadores)

Copyright Notice:

Copyright © 2016 Arkonte LLC for the first edition of the collective work. The copyright of each single article, by itself, is property of its author(s). ALL RIGHTS RESERVED.

First edition published in 2016 by Arkonte Publishing, a Division of Arkonte LLC, 16657 E 23rd St Suite 220, Independence, MO 64055, United States of America.

Authors:

Almeida, Maria Clotilde; Cavaco-Cruz, Luís; Ramos, Iolanda; Ribeiro, Raquel; Alves, Teresa Costa; Justo, José Miranda.

Cataloging data:

Keywords: Translation, Technical Translation, Portuguese, English, German.
OCLC Four-Figure Cutter Table: T6875
DDC: 418.469--dc22
ISBN: 978-0-9985095-0-1 (Paperback)
ISBN: 978-0-9985095-1-8 (Kindle Edition)
Library of Congress Control Number: 2016921199

APA Citation format:

Almeida, M.C., Cavaco-Cruz, L., Ramos, I. (Eds.). (2016). *Tradução, Transcriação, Transculturalidade*. Independence, MO: Arkonte Publishing.

Credits for illustration, design, production and editing:
Cover Illustration Copyright © 2016 by Getty Images
Cover design by Arkonte Publishing, a Division of Arkonte LLC.
Book design and production by Arkonte Publishing, a Division of Arkonte LLC, www.arkontepublishing.com
Editing by Almeida, Maria Clotilde; Cavaco-Cruz, Luís; Ramos, Iolanda.

Legal notices:
© 2016 Arkonte LLC. ALL RIGHTS RESERVED.
This book contains material protected under International and Federal Copyright Laws and Treaties. Any unauthorized reprint or use of this material is prohibited. No part of this book may be reproduced or transmitted in any form or by any means, electronic or mechanical, including photocopying, recording, or by any information storage and retrieval system without express written permission from the author / publisher. This book is under the Berne Convention for the Protection of Literary and Artistic Works (1886), and subsequent legislation.

Disclaimers:
Although the authors and the publisher have made every effort to ensure that the information in this book was correct and legal at press time, the publisher does not assume and hereby disclaims any liability to any party for any loss, damage, or disruption caused by errors or omissions, whether such errors or omissions result from negligence, accident, or any other cause.

Índice

Nota dos Coordenadores

O presente volume segue as normas do Acordo Ortográfico de 1990, à exceção do capítulo "Traduzir o estilo em Filosofia: o caso Kierkegaard" de autoria de José Miranda Justo, por vontade expressa do autor.

Todos os autores realizaram a revisão da versão final dos respetivos textos, tendo manifestado o seu acordo à publicação dos mesmos sob a forma em que encontram no presente volume.

Introdução

O presente volume perspetiva a tradução em abordagem multimodal, por um lado, enquanto exercício cognitivo e transcultural e, por outro, enquanto *modus operandi* técnico e científico, na base de um diálogo constante entre o tradutor, dotado de perfil cultural e técnico, os textos e o público-alvo dos mesmos.

No capítulo "Tradução versus transcriação: abordagem cognitiva", Maria Clotilde Almeida argumenta que é viável distinguir um processo de tradução de um processo de transcriação, por recurso às ferramentas conceptuais como a metáfora e a metonímia conceptuais, os esquemas imagéticos e os domínios semânticos. Postula-se que o processo de tradução envolvendo metáforas e metonímias conceptuais pressupõe alguma variação idiossincrática das construções do texto de partida para o texto de chegada. Em contrapartida, preconiza-se que a transcriação emerge da alteração/transmutação dos esquemas imagéticos e de domínios semânticos do texto de chegada para o texto de partida, conforme evidenciado na análise semântica da letra da canção "Samba de Verão" de Caetano Veloso para a versão em inglês "So Nice" de Diana Krall.

Partindo da definição de escrita e tradução técnicas, o capítulo de Luís Cavaco-Cruz aborda o texto técnico como veículo de comunicação na era da globalização, elaborando acerca dos conceitos de texto e tradução técnicos, ao mesmo tempo que propõe uma definição para os mesmos em Língua Portuguesa, e enquadra-os nos seus vários tipos e géneros, focando-se no leitor e na acessibilidade linguística. Simultaneamente, Cavaco-Cruz aborda as dificuldades cognitivas que tais textos encontram em face da literacia, enquanto procura deitar luz sobre a problemática do estilo em tradução técnica.

Por seu turno, o capítulo de Iolanda Ramos e Raquel Ribeiro analisa a tradução como um *locus* linguístico e situacional, propício a encontros e a desencontros de comunicação. O texto começa por destacar a importância do fator humano na transmissão de uma mensagem linguística, bem como a relevância dos elementos extralinguísticos e sociolinguísticos na prática tradutória. O papel do tradutor na mediação cultural é ilustrado por estudos de caso, retirados tanto da realidade como da ficção literária e cinematográfica, de modo a valorizar os aspetos pragmáticos e inter/transculturais no âmbito dos Estudos de Tradução e das Ciências Sociais e Humanas.

Ao sustentar que a transcriação é mais do que uma prática de tradução criativa, o capítulo de Teresa Costa Alves inspira-se na experiência profissional, levada a cabo numa agência dedicada a adaptar campanhas publicitárias a diversos mercados internacionais. Por se tratar de uma área pouco estudada na ótica da tradução, sobretudo em Portugal, o presente texto aborda a sua evolução desde a tradição literária indiana até ao cruzamento entre o local e o global ("glocalização"), visando contribuir para o reconhecimento da transcriação como uma estratégia tradutória de intersecção entre culturas.

Centrado sobre a questão da tradução do texto filosófico de Kierkgaard, o capítulo de José Justo, na senda de Hammann, desenvolve uma reflexão sobre a questão da conversão de imagens em sinais filosóficos, sobre a intersecção ou contaminação dos sinais filosóficos com sinais poéticos e com sinais históricos, e também sobre a multiplicação das possibilidades discursivas num processo de disseminação. Na sua ótica, o instante autoral torna qualquer texto e, neste caso, o texto de partida da tradução, num "indivíduo", dotado de uma singularidade existencial, que deve ser retomada no texto de chegada, em abordagem subjetiva, ou seja, permeável à proliferação de estilos e das respetivas leituras.

Espera-se que esta obra, que espelha a colaboração interuniversitária, contribua para a disseminação da investigação em tradução, tanto no panorama português como internacional.

Os coordenadores
Maria Clotilde Almeida
Luís Cavaco-Cruz
Iolanda Ramos

Maria Clotilde Almeida
(FLUL/CLUL)

Tradução *versus* transcriação:
abordagem cognitiva

O presente trabalho visa elaborar uma distinção entre os conceitos de tradução e de transcriação, à luz da semântica cognitiva, bem como da semiótica cognitiva. Após destacar a verosimilhança na relação entre linguística cognitiva e tradução, na linha de Faber et al. (2012) e de Rojo/Ibarretxe-Antuñano (2013), envereda-se, no âmbito da semântica cognitiva, por sinalizar a metáfora e metonímia enquanto ferramentas conceptuais de tradução (Lakoff/Johnson 1980 [2003]), tendo por base os estudos de Kövecses (1989), Ferreira (2012) e Rydning (2012). No seio do modelo da semiótica cognitiva, partimos do conceito de "domínio semântico" e da tipologia dos domínios semânticos de Brandt (2004), com o propósito de destrinçar o processo de tradução do de transcriação, conforme estudo anterior de Almeida (2011) que se debruça sobre a letra da canção de Bossa Nova *Samba de Verão* que foi transvertida para inglês, com o título *So Nice*.

Em *So Nice* postula-se a indissociabilidade entre o significado e a experiência, consignada nos domínios semânticos enquanto processo cognitivo de registo de dimensões da experiência fenomenológica entre um texto na língua de partida e um texto de chegada. Assim sendo, advoga-se que o processo de tradução é avesso à construção de arquiteturas semânticas que apresentam, no texto de chegada, divergências nos domínios semânticos relativamente ao texto de partida. Logo, na sequência do processo de tradução, a existência de clivagens no respeitante aos domínios semânticos entre o texto na língua de partida e o texto de chegada é identificada como uma transcriação do texto que lhe deu origem.

1. Linguística Cognitiva e Tradução

Recentemente a afinidade entre a Linguística Cognitiva e a Tradução tem sido cada vez mais posta em evidência, com especial destaque para Faber et al (2012:74-75), nos seguintes termos: quer a Linguística Cognitiva quer a Tradução lidam com a dimensão conceptual do significado, sendo que também lidam com dados linguísticos autênticos. Nesta base, a tradução é viabilizada pelo facto de que entre o texto de partida e o texto de chegada se estabelecem correspondências conceptuais quer a nível macrotextual, quer a nível microtextual, baseadas em significados partilhados. Tal pressupõe que uma língua consiste na lexicalização de entidades, atividades, atributos e relações que constituem uma rede conceptual, sendo que os textos configuram a ativação de partes selecionadas, mas necessariamente relacionadas, desta rede conceptual geral.

Nesta linha, do ponto de vista da Linguística Cognitiva, o acto de tradução reporta-se à ativação e ao uso seletivo de estruturas de conhecimento, filtradas pela mente do tradutor. Portanto, a questão central das equivalências em tradução está para além da dimensão linguística propriamente dita, envolvendo antes um conjunto complexo de ligações e associações na mente do tradutor. Assim sendo, o objetivo de uma teoria da tradução reside na explanação acerca do estabelecimento destas ligações ou associações a nível conceptual que ponha a nu as relações entre linguagem e cognição, necessariamente sustentada pela dimensão corporizada e ecológica das línguas enquanto repositórios culturais (Rojo/Ibarretxe-Antuñano, 2013:13).

Relativamente à tradução da metáfora (e da metonímia), que foi sempre objeto de alguma controvérsia, as autoras supracitas (idem p. 22), na linha de Schäffner (2004:1258), preconizam que a metáfora já não é um problema para a tradução, na medida em que todas as metáforas conceptuais constantes de um texto de partida se podem traduzir para um texto de chegada. O que o tradutor precisa de fazer é de identificar os domínios cognitivos envolvidos no mapeamento metafórico do texto de partida e formular o equivalente linguístico no texto de chegada, aspeto que será problematizado abaixo.

2. Tradução versus Transcriação: abordagem cognitiva

2.1 Definição de tradução no plano cognitivo

Podemos entender a tradução em sentido lato como o processo de compreensão do uso linguístico de outrem, conforme enunciado por Humphey et al. (2011): *Translation is about the ability to understand someone else´s language*. Fundamentalmente, porém, segundo Tabakowska (1993:73), a tradução é um ato de receção e de interpretação, balizado por convenções na sua tripla dimensão linguística, social e histórica, em que se efetiva a construção de uma cena que envolve um ou mais participantes, neste último caso, em interação, em determinado contexto social, espacial e temporal.

Shreve (2012), de forma bastante clara e abrangente, define a tradução com um processo quer de "re-sitiação" quer de "re-situação", o que remete necessariamente para uma perspetiva discursiva do processo tradutório:

> *Translation is a unique process, both cross-cultural and cross-linguistic. A piece of writing sited in one culture and communicative context must be re-sited in another. We have often talked about siting translation, and translation situations and situationality, but we forget that translation is not about situation, but about re-situation. The translational act is essentially about sites, about re-siting: about the essential dislocation and relocation of writing: about the moving from here to there. Translation is, as I have said, comprised of the running about, the to-ing and fro-ing, between the divergent, bifurcated sites of the act. Translation is a discourse in the purest sense.* (Shreve 2012:44).

Nesta ótica, a tradução é concebida como uma envolvência comunicativa complexa, em que tomam parte um locutor/autor de um segmento textual, que pode ser oral ou escrito, e um recetor/leitor que compreende o significado intendido do locutor/autor. Trata-se de uma visão cognitiva da tradução que assenta na compreensão de um enunciado linguístico por um recetor/leitor, o que assenta necessariamente numa equivalência entre o significado intendido pelo locutor/autor e o significado entendido pelo recetor/leitor. Convém sublinhar, de novo, que o significado, construído mentalmente pelo locutor/autor está ancorado em cenas, conforme assinalado por Fillmore (cf. Dirven/Radden 1987:77):

> Now when I say that meanings are relativized to scenes, what I mean is that we choose and understand expressions by having or activating in our minds scenes or images or memoires of experiences within which the word or expression has a naming or describing or classifying function.

Aliando as cenas aos postulados cognitivistas, Tabakowska (1993) enuncia a estrutura das cenas, constructos mentais humanos, identificando, por um lado, entidades que se relacionam entre si num enquadramento espacial e temporal específico:

> A scene involves a number of entities (objects, perceptions, sensations etc.) that enter into some relations – temporal or atemporal. It is assumed that all factors which determine the construal of a scene by a conceptualizer are correlated to and dependent upon cognitive abilities of the human mind. Tabakowska (1993:32)

Sublinhe-se que as cenas se constroem com ferramentas cognitivas na base de esquemas imagéticos (definidos como padrões abstratos da experiência), domínios conceptuais/semânticos (domínios da experiência), de mapeamentos intradomínios (entre elementos do mesmo domínio da experiência que redundam em metonímias) e ainda interdomínios (projeções entre diferentes domínios da experiência que consignam metáforas), pelo que o processo de tradução decorre necessariamente da compreensão/transposição das arquiteturas semânticas do texto de partida para o texto de chegada.

Para entendermos em que consiste uma metáfora conceptual, na abordagem lakoffiana, teremos de partir do conceito de 'domínio semântico/conceptual' que é definido como uma organização coerente da experiência. Logo, uma metáfora conceptual resulta de uma projeção de um domínio-fonte num domínio-alvo, correspondendo à fórmula 'domínio conceptual A É domínio conceptual B', conforme ilustrado por Kövecses (2002:4):

> *CONCEPTUAL DOMAIN (A) IS CONCEPTUAL DOMAIN (B), which is what is called a conceptual metaphor. A conceptual metaphor consists of two conceptual domains, in which one domain is understood in terms of another. A conceptual domain is any coherent organization of experience. [...] The conceptual domain from which we draw metaphorical expressions to understand another conceptual domain is called source domain, while the conceptual domain that is understood this way is the target domain. Thus, life, arguments, love theory, ideas, social organizations, and others are target domains, while journeys, war, buildings, food, plant, and others are source domains.*

Tal como postulado por Tabakowska (1993), preconizamos que a equivalência no processo de tradução se deve estabelecer no âmbito das arquiteturas semânticas, ou seja, no plano imagético: *Translation equivalence should be established on the level of imagery.* (*idem* p.111). Assim sendo, o que devemos observar numa tradução é a manutenção das arquiteturas semânticas, decorrentes de mapeamentos metonímicos ou intradomínios (RAIVA É CALOR, por exemplo) ou entre mapeamentos metafóricos ou interdomínios conceptuais (AMOR É UMA VIAGEM, por exemplo) ou ainda na base de orientações espaciais que lhes estão subjacentes, que constam do texto de partida e devem ser mantidas no texto de chegada, o que não significa necessariamente que possuam formulação linguística idêntica no texto de partida e no texto de chegada.

Em suma, na abordagem cognitiva, a tradução decorre de uma compreensão dos constructos num processo de transposição de um texto de partida para um texto de chegada (Tabakowska 1993:77): *All reading is reading in, and every reading is a construal. Therefore, so must be every translation.*

Contudo, gostaríamos de destacar, conforme sublinhado por Rojo/Ibarretxe-Antuñano (2013:13), que a questão da equivalência em tradução contempla, de forma simplista, uma mera equivalência linguística, mas antes deve promover: (idem) "[...] *the search for a complex set of links in the translator´s mind.* Logo, uma abordagem da tradução de inspiração cognitiva terá de incidir sobre formas de processamento cognitivo dos encadeamentos textuais.

2.2 Definição de transcriação

Passemos à definição do que vários autores entendem ser uma "transcriação" de um texto. Em formulação simplificada, consiste na transposição do universo do tradutor para um texto escrito por outrem, na senda da formulação de Humphrey *et al.* (2011-2). Segundo Haroldo de Campos, que terá cunhado o termo "transcriação" nos anos 60 do século XX, o mesmo reporta-se à "tradução-arte", ancorada na dinâmica estabelecida entre a tradução e a poética, pelo que o seu objetivo radica na reescrita do texto original numa mesma língua ou noutra. Desta forma, o processo de transcriação envolve um processo de transformação textual ou reescrita como forma de leitura e análise crítica do texto, conforme e enunciado por Jackson (2010:143):

> *Transcreation means transformation, or re-writing, of the original text both as a goal and as a task of translation. It was a new approach to creative literary translation as a form of critical reading and analysis, which contributed to an etymological of symbolic forms in metamorphosis within language and among languages.*

Dado que a transcriação de um texto de partida num texto de chegada implica necessariamente a introdução de alterações às dimensões conceptuais do mesmo, focaremos abaixo os aspetos cognitivos estruturantes dos textos de partida que terão de ser preservados no texto de chegada. A preservação dos referidos aspetos estruturantes corresponderá a uma tradução do texto de partida, sendo que a sua não manutenção no texto de chegada equivalerá necessariamente a uma transcriação do texto de chegada.

3. Aplicações da Linguística Cognitiva à Tradução

A relevância da abordagem cognitiva para a tradução está ancorada fundamentalmente no postulado da dimensão experiencial do significado, abrangendo as vertentes física, social e cultural. Tal permite abarcar, conjuntamente, dimensões do pensamento, da linguagem e da cultura na tradução. Assim sendo, todos os factores pragmáticos e socioculturais estão plasmados em modelos cognitivos, que, por sua vez, decorrem de dinâmicas de interação discursiva (Rojo/Ibarretxe-Antuñano, 2013:7).

A estruturação dos modelos cognitivos, necessariamente idealizados, ou seja, mentalmente construídos, da realidade fenomenológica é realizada por recurso a ferramentas conceptuais, a saber, as metáforas e metonímias conceptuais, bem como aos esquemas imagéticos. Estes, definidos como padrões abstratos da nossa experiência física, tais como as imagens de contentor e de trajetória, bem como as orientações espaciais em cima—em baixo, entre muitos outros, superintendem as chamadas metáforas orientacionais (Lakoff/Johnson 1980). Uma ocorrência do tipo "Ele está bastante em baixo", conceptualiza a quebra anímica de um determinado sujeito, tendo por base as coordenadas espaciais "cima-baixo".

Acrescente-se às ferramentas conceptuais que usamos na conceptualização do mundo, bem como, evidentemente na elaboração de uma tradução, a nomenclatura dos domínios semânticos fenomenológicos de Brandt (2004), que, enquanto instrumento de aferição aplicado à análise de uma tradução, conforme sublinhado por Almeida (2011), nos permite distinguir se o texto de partida foi objeto de tradução ou de uma transcriação, conforme veremos abaixo.

3.1 Metáfora e metonímia conceptuais – ferramentas de tradução

A primeira ferramenta conceptual da tradução sobre a qual teceremos considerações será precisamente a metáfora conceptual, que decorre de realizações linguísticas, reportáveis a mapeamen-

tos entre um domínio-fonte e um domínio-alvo, fortemente anco-
radas na nossa experiência do mundo, conforme preconizado por
Lakoff/Johnson, (1980 [2003]: 19-21).

Nesta mesma linha, ao justificar convergências semânticas claras
entre as metáforas conceptuais em inglês e espanhol, Soriano re-
corre ao argumento da base experiencial comum destas metáforas
(Soriano 2012: 99):

> *Una de las razones por las que numerosas metáforas concep-
> tuales son comunes a muchos idiomas del mundo es que la aso-
> ciación entre los dos dominios fuente y meta tiene una <u>base
> experiencial</u>. (...) Por ejemplo, el dominio del CALOR se utiliza
> para estructurar el campo del AFECTO en muchos idiomas
> (EL AFECTO ES CALOR) y por ello decimos que una persona
> "cálida" es una persona afectuosa, mientras que una persona
> "fría" no lo es. Otras muchas expresiones (en español y otros
> idiomas) explotan la misma asociación: "caluroso aplauso",
> "gélida acogida", "comportarse con frialdad", etc."*

É na base desta constatação que Kövecses (2002:29-40), ancorado
em estudos anteriores de Lakoff/Johnson (1980/[2003]) e La-
koff/Turner (1989), tendo por base os critérios do grau de conven-
cionalidade, da função, da natureza e da generalização das metáforas, inscreve as vigências metafóricas num contínuo balizado por
dois polos. Num dos polos figuram as metáforas convencionais
que são usadas no nosso quotidiano, sem que nos apercebamos e,
no outro, as metáforas criativas ou novas, fruto de conceptualiza-
ções de forte pendor imaginativo.

3.1.1 Tipologia da metáfora e Tradução

Embora a diferenciação entre metáforas convencionais e metáforas criativas ou novas faça todo o sentido, no âmbito da problematização da questão da tradução da metáfora, afigura-se pertinente
evocar outras abordagens tipológicas que melhor se coadunam
com o teor deste capítulo. Stienstra (1993) *apud* Samaniego Fernández (2013:170), assinala uma tripartição na tipologia da metáfora mediante subdivisão das metáforas em três categorias, a saber, as universais, as parcialmente sobrepostas e as culturalmente
específicas. O primeiro tipo reporta-se às metáforas comuns às

diversas línguas/culturas; o segundo tipo respeita as imagens metafóricas que são afins, mas não absolutamente idênticas, ou seja, que tem uma base conceptual idêntica, mas diferentes realizações textuais; já o terceiro tipo consigna as metáforas que se afiguram exclusivas de determinadas línguas/culturas.

3.1.1.1 Carácter universal das metáforas conceptuais

O carácter universal das metáforas conceptuais transparece dos estudos relativos às metáforas de emoção de raiva, orgulho e amor de Kövecses (1989, 2005 a, 2005 b). Do confronto interlinguístico, emerge um dado crucial para o entendimento da metáfora, ou seja, de uma base experiencial comum, decorrente da premissa funda-mental de que, ao experienciarmos as emoções, estas surtem efeitos fisiológicos idênticos e, como tal, representações linguísticas bastante idênticas. O mesmo é válido, pelo menos em parte, para as metonímias conceptuais, que radicam nos efeitos fisiológicos das emoções e que, assim sendo, são construídas linguisticamente de forma bastante idêntica nas diversas línguas.

Relativamente à conceptualização do amor, podemos encontrar facilmente equivalentes entre línguas como o inglês, o alemão, o francês e o português. Na base da metáfora conceptual O AMOR É UMA UNIDADE DE DUAS PARTES COMPLEMENTARES podemos facilmente reconhecer realizações metafóricas, tais como, They *are inseparable* (Kövecses 1989:62), como equivalentes rigorosamente idênticos em português e alemão, a saber, *Eles são inseparáveis/Sie sind untrennbar.* O mesmo se passa com a metáfora conceptual AMOR É LOUCURA (idem p. 91), a saber, *I´m crazy about him* que possui equivalentes quase absolutos noutras línguas, embora com alguma variação a nível das regências preposicionais. Assim, em francês temos o correlato *Je suis fou de lui* ou em alemão *Ich bin verrückt nach ihm.* Relativamente à expressão da raiva a partir da metáfora conceptual RAIVA É UM FLUIDO EM AQUECIMENTO NUM CONTENTOR, é possível reconhecer realizações idênticas da mesma em diversas línguas como *Ela estava prestes a explodir/she was about to explode/elle était presque à exploser.*

Como se pode observar, as realizações metafóricas das emoções, decorrentes das metáforas conceptuais, constituem redutos ine-quívocos do significado corporizado, necessariamente ancorado em dimensões experienciais, sendo que, por isso, configuram um terreno privilegiado para o estabelecimento de correlatos interlin-guísticos inerentes a qualquer tarefa de tradução. Nesta linha, Ro-jo/Ibarretxe-Antuñano (2013:7), postulam a relevância da Lin-guística Cognitiva para a tradução nos seguintes termos:

> *The relevance of Cognitive Linguistics for translation arises mainly from the "experiential" notion of meaning proposed by cognitivists, which abandons the traditional notion of referen-tial truth and highlights the central role of human experience and understanding. This type of approach based on experi-ence allows us to bring together, thought, language and cul-ture in the speakers´ cognitive context.*

3.1.1.2 Representações metafóricas conceptualmente idênticas

Focaremos agora as representações metafóricas que são conceptu-almente idênticas, mas que apresentam algumas variações ao nível da realização textual. Estas variações explicam-se à luz das idiossincrasias linguísticas, conforme apontado por Samaniego Fernández (2013:169).

Evidências de variações linguísticas das metáforas conceptuais figuram no comentário crítico à legendagem do filme *Adeus Lênin* para Português Brasileiro (Ferreira et al. 2007) *apud* Ferreira (2012), que foca a não correspondência entre a metáfora conven-cionalizada do texto original (1A) e a respetiva tradução nas legen-das (1B) (idem, p. 306-307):

(1 A):Und unsere Familie ging an diesem Tag den Bach runter.

(1B) legenda do filme: Naquele dia, a nossa família começava a ruir.

Na legenda traduzida para Português Brasileiro, em (1B), a solução apresentada não corresponde totalmente ao significado intendido no texto de partida. Apesar da metáfora conceptual, MAU É PARA BAIXO se vislumbrar em (1B), Ferreira aponta que em (1A) não se representa o início de um processo, pelo que a construção verbal *começava a ruir*, usada em (1B), está desajustada relativamente ao sentido intendido em (1A). Propõe, assim, que a tradução mais adequada será (IC), conforme abaixo:

(1C) Naquele dia, a nossa família foi por água abaixo.

Na nossa ótica, o facto de a tradução proposta por Ferreira et al. (2007) em (1C), se coadunar perfeitamente com o significado intendido em (1A) decorre da necessidade de ativação do mesmo domínio-fonte da metáfora conceptual DESTRUIÇÃO É CURSO DE ÁGUA quer no texto original quer na tradução. Registe-se que na tradução proposta por Ferreira, a imagem metafórica *ir por água abaixo* está bem mais próxima de *ging den Bach runter* (tradução literal "ir riacho abaixo"). Registe-se que, embora na expressão em português *foi por água abaixo,* o item lexical *água* constitua uma metonímia de *riacho,* o significado inferencial de perda irreversível inerente à expressão idiomática alemã, ancorada na metáfora conceptual DESTRUIÇÃO É CURSO DE ÁGUA, é claramente preservado na expressão em português.

3.1.1.3 Metáforas condicionadas pelas dimensões culturais

Passemos à problematização da questão das metáforas que são condicionadas, de forma evidente, pelas dimensões culturais que lhes subjazem. Reportamo-nos, no âmbito dos estudos sobre metáfora e metonímia em ambientes de tradução, ao artigo de Rydning (2012), que versa as metaftonímias (construções mistas de metáforas e metonímias) enquanto plataformas conceptuais de grande utilidade para a tradução. Centrando-se no caso da tradução da ocorrência *The icy grip tightens* para francês *Le froid ne démord pas*, realiza-se a desconstrução destas duas representações conceptuais, da seguinte forma (Rydning 2012: 298-299) (tradução nossa):

Representação conceptual: *The icy grip tightens* (tradução para PE *O frio aperta*)

Metonímia 1: *ICY (gelado)* REPRESENTA UM TEMPO EXTRE-MAMENTE FRIO

Metonímia 2: O APERTAR COM O PUNHO REPRESENTA UMA SENSAÇÃO DE PERSISTÊNCIA NEGATIVA

Metáfora: NÃO LARGAR ALGO É APERTAR

A tradução da representação metafórica *the icy grip tightens* de inglês para francês pode ser igualmente desconstruída por duas metonímias e uma metáfora, como segue:

Representação conceptual: *Le froid ne démord pas*

Metonímia 1: *LE FROID (o frio)* REPRESENTA UM TEMPO EX-TREMAMENTE FRIO

Metonímia 2 : NE PAS DÉMORDRE (trad. Literal em PE *largar a mordida) REPRESENTA UMA SENSAÇÃO DE PERSISTÊNCIA NEGATIVA*

Metáfora: NÃO LARGAR É MANTER A MORDIDA

Porém, ao confrontarmos as metáforas e metonímias conceptuais, subjacentes às realizações metafóricas em inglês e francês verificamos que são efetivamente diferentes. Logo, no processo de tradução foi necessário ir em busca de um equivalente pragmático que inferencialmente veicule o significado intendido de frio persistente. Tal como aponta Maalej *apud* Samaniego Fernández (2013:173), as expressões metafóricas são construídas na base da mesma metáfora conceptual apenas se as duas culturas partilham os mesmos mapeamentos conceptuais. Em caso contrário, a busca do equivalente pragmático reveste-se de um grau de dificuldade assinalável, uma vez que as imagens metafóricas apresentam um forte condicionamento cultural (Samaniego Fernández (2013:169):

> *As an abstract concept, metaphor might be universal (...); in its concrete realization however, being closely linked with sensuous perception and culture-bound value judgement, it is undoubtedly complicated by language-specific idiosyncrasies.*

Nunca será demais sublinhar que as diversas culturas nas suas manifestações linguísticas funcionam como sistemas operativos que superintendem os sistemas conceptuais convencionais e públicos, segundo preconizado por Donald (2002:164):

> *Culture provides more than mere programming for explicit recall. In its deeper aspects, it provides something that is perhaps more akin to <u>an operating system</u>. It gives us a shared structural framework for public, conventional systems of thought."* (sublinhados nossos).

Como forma de acedermos às dimensões culturais subjacentes às formulações textuais socorremo-nos da abordagem fenomenológica da arquitetura dos domínios cognitivos à luz de Brandt (2004), já anteriormente aplicada à tradução por Almeida (2011). Na nossa ótica, trata-se de uma ferramenta de análise bastante operativa que nos permitirá destrinçar se o tradutor enveredou por um processo de tradução ou por um processo de transcrição.

3.1.2 Metonímia conceptual – ferramenta de tradução

A segunda ferramenta conceptual que assume particular importância para a tradução é a metonímia, como aliás, já pudemos ver acima. Segundo diversos autores, tem primariamente uma função referencial em que uma entidade figura no lugar de uma outra com a qual tem uma relação de contiguidade, ou seja, no contexto de um mesmo domínio cognitivo. Na ótica de Lakoff/Johnson (1980/[2003]), de forma diversa da metáfora, a metonímia conceptual denota um significado cultural evidente, como é o caso de A CARA PELA PESSOA, em numerosas culturas (1980 [2003]: 37):

> *Thus the metonymy THE FACE FOR THE PERSON is not merely a matter of language. In our culture we look at a person's face – rather than his posture or his movements – to get our basic information about what the person is like. We function in terms of a metonymy when we perceive the person in terms of his face and act on those perceptions.*

Contudo, esta não é a sua única função, uma vez que, por exemplo, no âmbito da metonímia A PARTE PELO TODO, se configura a hipótese de várias partes poderem representar o todo. Sublinhe-se, porém, que a escolha da parte pelo todo pode ser determinada por convencionalização, mas frequentemente emerge da criatividade do autor, conforme assinalado por estes mesmos autores (1980 [2003]: 36).

Para destacar a importância da metonímia como ferramenta de tradução, reportamo-nos à problematização de questões de tradução relativas à transposição da obra *Die Revolutionen des Ferran Adrià* da autoria de WEBER-Lamberdière (2007) para português brasileiro, conforme Ferreira (2012: 308):

(2A) .... *Küche nicht nur mit dem Gaumen, sondern auch mit der Intelligenz zu geniessen. „Kurzum: der Kopf isst mit.*

A solução de tradução da ocorrência em alemão em (2A) para Português Brasileiro em (2B) é objeto da seguinte proposta por Ferreira (2008) *apud* Ferreira 2012:308):

(2B) .... *desfrutar a culinária não só com o paladar, mas também com a inteligência. Resumindo: comemos também com a mente.*

Embora o texto de partida e o texto de chegada empreguem expressões metonímicas diferentes, decorrentes de idiossincrasias linguísticas, a saber, no alemão *Kopf* (trad. lit. *cabeça)* e em português *mente,* é de destacar o papel da metonímica conceptual como ferramenta bastante útil à tradução. É um facto que se trata de uma expressão metaftonímica, ou seja, uma construção metafórica de base metonímica, *comer com a mente.* Registe-se que, por ser cunhada propositadamente pelo autor do texto, não pode ser traduzida em Português Brasileiro ou mesmo em Português Europeu por *comemos com a cabeça,* pois corre o risco de se tornar ambígua, podendo ser interpretada como "pensamos naquilo que comemos" ou "comer envolve a mente."

Ao analisarmos a construção *comer com,* verificamos que se restringe semanticamente a instrumentos, tais como talheres ou, em casos muito particulares, ao instrumento humano, a saber, as mãos. No plano metafórico, as restrições ao uso da construção *comer com* circunscrevem-se à construção *comer com os olhos* que, segundo o Dicionário da Língua Portuguesa Contemporânea (2001:878), consiste em "olhar muito; fixar exageradamente o olhar, manifestando desejo ou agressividade".

Sublinhe-se que o motivo pelo qual a construção metaftonímica criativa *der Kopf isst mit* é aceitável em alemão, uma vez é regida pelo verbo prefixado *mitessen.* Segundo o dicionário Wahrig (1997:893), é passível de ser parafraseada por *bei anderen essen* (trad.: *"comer em casa de outros"; mit anderen gemeinsam essen,* (trad.: comer em conjunto com outros). Portanto, o uso metaftonímico em questão assentará necessariamente no processo metonímico de substituição do sujeito humano plural *andere* pelo nome *Kopf,* parte integrante e fundamental do corpo humano.

4. Arquitetura dos domínios semânticos e sua aplicação à tradução

Para formular uma abordagem cognitiva da tradução é necessário recorrer aos fundamentos da semântica cognitiva, começando com a definição de *frames*, como segue (Evans 2007:85):

> *frame is a schematization of experience (a knowledge structure), which is represented at the conceptual level and held in long-term memory and which relates elements and entities associated with a particular embedded scene, situation or event from human experience.*

Dado que os textos são constituídos por sequências de *frames,* que se reportam a cenas reais vivenciadas ou fictícias, construídas na base da dimensão cultural, qualquer tradução tem de começar pela sua caracterização das relações semânticas no texto de partida.

Se parece inegável que nos regemos na construção textual por *frames,* torna-se imperioso articulá-los, no plano fenomenológico, com os domínios semânticos, pois estes são transversais às dimensões conceptuais de diferentes línguas e, como tal, podem servir de instrumento de aferição da equivalência efectiva de um texto de chegada relativamente a um texto de partida.

Nesta linha, Almeida (2011) advoga que uma tradução de um texto se materializa num constructo cultural intersubjetivo de pendor fenomenológico, em que devem ser preservados os domínios semânticos do texto de partida, a não ser que haja diferenças insanáveis entre os sistemas conceptuais que justifiquem a reconfiguração desses mesmos domínios semânticos em arquiteturais textuais de transcriação.

Comecemos pela definição de domínios semânticos, enquanto domínios da experiência humana num sentido fenomenológico lato, que tendencialmente estarão imunes a variação intercultural, uma vez que todos os seres humanos vivenciam, no mundo, dimensões experienciais comuns. Contudo, tal não exclui a hipótese de que estes podem configurar subdomínios/submundos que integram o todo fenomenológico, segundo o próprio Brandt (2004:37):

> *Semantic domains are constituted by human experience in the richest possible phenomenological sense; languages, cultural, and human semiotics in general are based on experiences and practises in a life-world constituted as a whole, and though it is perfectly possible to divide this whole arbitrarily into comparable segments – a task regularly assumed by natural philosophies and religions –* <u>*it is also possible to identify genuine parts of it that remain stable under cultural variation.*</u> *If such parts are identified, they qualify as universally given semantic domains. A domain filled differently by different cultures will still be the same domain (...). Humans do not live in separated "kinds of" life-worlds, we suppose, but rather in one human life-world with a cognitively necessary set of subworlds or domains that integrate the phenomenological whole."* (sublinhados nossos).

Para efeitos do presente trabalho, começaremos por focar os domínios básicos do modelo brandtiano, conforme diagrama abaixo. Em primeiro lugar, teremos o domínio físico (D1), que se reporta às experiências físicas do sujeito; em segundo, o domínio social e cultural (D2) que se refere a enquadramentos socioculturais intersubjetivos; em terceiro, o domínio da interação humana (D4), que se reporta a enquadramentos de intercâmbio comunicativo ou outro. Refira-se que que os três domínios mencionados são superintendidos pelo domínio mental (D3), que sinaliza a dimensão cognitiva dos restantes domínios básicos, por um lado, e, por outro, assinala construções da nossa imaginação que não têm existência para além da nossa vida mental.

D4

PERFORMATIVE

D1

PHYSICAL

D3

MENTAL

D2

SOCIAL

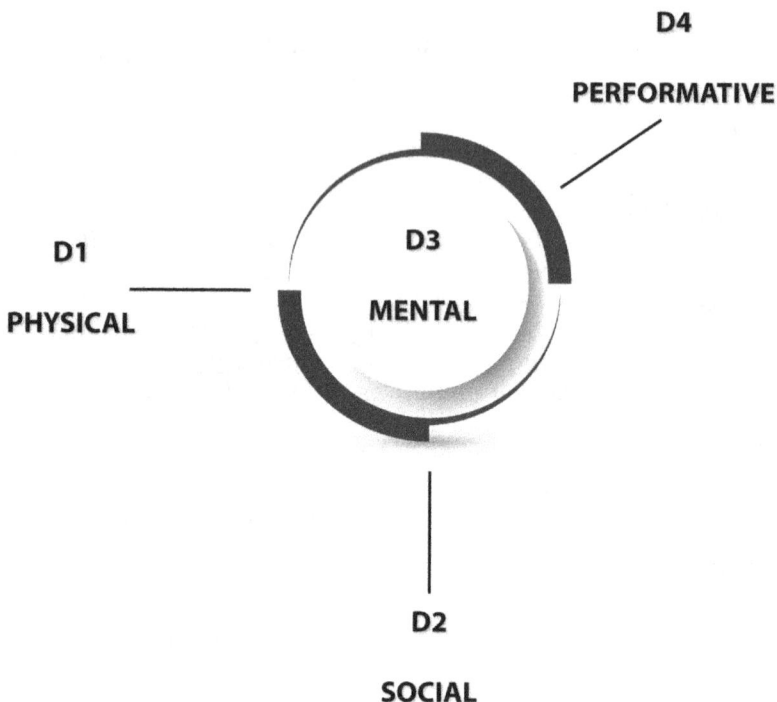

Diagrama 1 – Domínios semânticos de base (Brandt 2004)

Logo, partiremos do postulado de que uma tradução decorre, no texto de partida, da identificação do(s) domínio(s) semântico(s) que nele estão representados. Ativamos, assim, mentalmente, para cada domínio semântico, um número específico de participantes, o seu posicionamento espacial relativo, bem como a sua inscrição num enquadramento espácio-temporal determinado. Se alterarmos, no texto de chegada, o número de participantes, o seu posicionamento ou mesmo o seu enquadramento espacial, teremos alterado as linhas estruturantes do texto de partida que se reportam a uma determinada *frame*. Alterações deste tipo decorrem da reconfiguração dos elementos estruturantes, o que nos remete necessariamente para a transcriação do texto de chegada.

Esta nossa abordagem permite-nos realizar a distinção entre um processo de tradução e um processo de transcriação, em regime de convergência com a diferenciação entre estes dois processos de transposição interlinguística, postulada por Humprey, L. et al. (2011: 1-2):

- *Translation is about the ability to understand someone else´s language"*
- *Transcreation is about the ability to write in your own.*

Ao pressupor uma intervenção criativa do sujeito, estamos a efetuar uma recriação dos elementos estruturantes, recorrendo a transformações criativas enquanto forma de leitura ou análise crítica:

> *Transcreation means transformation, or the re-writing of the original text both as a goal and as a task of translation, constituting a recent approach to creative literary translation as a form of critical reading and analysis. (Jackson 2010:143).*

Não pondo em causa o valor estético de um texto reconfigurado por um processo de transcriação, apenas pretendemos estabelecer abaixo os riscos de um processo de transcriação que nos remetem necessariamente para os limites de uma tradução, no sentido mais restrito do termo.

4.1 Aplicação prática da semiótica cognitiva à tradução

Passemos à análise semiótico-cognitiva da letra de *Samba de Verão* de Caetano Veloso, tomando como parâmetros da avaliação os domínios semânticos que configuram os *frames,* bem como os esquemas imagéticos que os arquitetam.

Relativamente ao primeiro segmento textual da letra da canção, no original, em que A narra a B, o recetor da mensagem, a trajetória da participante feminina, que designaremos de C, em espaço aberto, o que no contexto dos domínios semânticos no modelo de Brandt configura uma ação do domínio físico D1. Registe-se ainda que existe uma certa distância espacial entre C e A, embora C efetue um percurso, em que poderia resultar numa aproximação entre ambos, acaba por se distanciar de A, sem parar, conforme configurado em 1A) abaixo.

1 A)

Domínios Semânticos	*Frames* e esquemas imagéticos
Você viu só que amor (D4)	(A fala com B sobre C)
Nunca vi coisa assim (D3/D4)	(A perceciona C, memória)
E passou, nem parou (D1)	(C faz trajeto para longe de A)
Mas olhou só pra mim (D4).	(C olha para A) (longe)

Na versão em inglês do texto, constante em 1B), abaixo, opta-se pela representação mental imaginada desta mesma cena, *That would be very nice* (D3), em que se esboça uma hipotética relação amorosa (D6), ilustrada pelo verbo *to love* no verso *someone to love me right*. A mesma é protagonizada por um ser indefinido *someone* que ama o protagonista *me,* tendo por base uma cena de contacto físico, baseada na metonímia conceptual "AMOR É PERTO" "hold me tight" (D4).

1B)

Domínios Semânticos	*Frames* e esquemas imagéticos
Someone to hold me tight (D4)	X abraça A – perto/contacto
That would be very nice (D3)	A imagina isso
Someone who love me right (D6)	X ama A – perto
That would be very nice (D3)	A imagina isso

Podemos observar que o texto original 1A) e o texto traduzido 1B) estão configurados na base dos domínios semânticos diferentes. Assim sendo, o texto traduzido não encontra equivalência no texto original, na medida em que no original figura um episódio de contacto visual A-C (D4), na pessoa do narrador/observador, em que se vislumbra a trajetória de uma figura feminina no espaço aberto (D1), confrontada mentalmente na memória (D3), que acaba por dirigir o olhar para o observador A-C (D4). De forma diversa, na tradução para inglês, a partir do contacto visual A-C (D4), constrói-se um cenário imaginado (D3) de relação amorosa (D6), que se considera desejável de acontecer (D3):

Texto original
D4; D3-D4; D1; D4

Texto traduzido
D4; D3; D6; D3

Figura 1-Confronto entre os domínios semânticos no texto original e no texto traduzido

Convém ainda ressaltar que, no texto traduzido, aparece representado um domínio semântico que não figurava no texto de partida, a saber, o domínio do AMOR (D6) entre A e C, que é considerado, no modelo brandtiano, um domínio satélite, resultante da intersecção dos domínios básicos de D2 e de D4. Logo, trata-se do entrecruzamento de dois domínios semânticos de base, conforme ilustrado no seguinte diagrama (Brandt 2004:52):

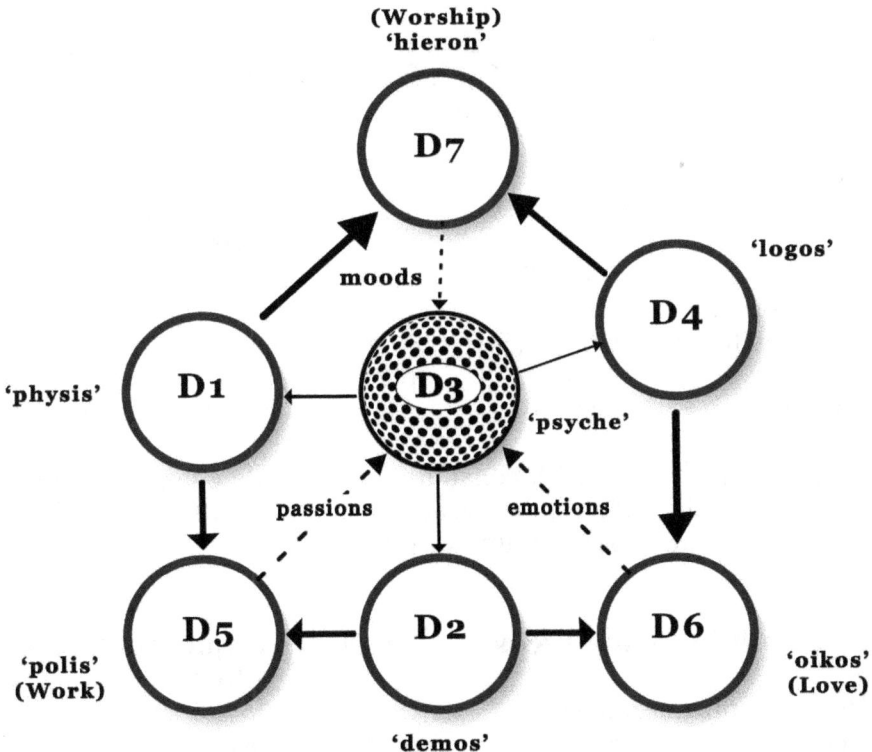

Diagrama 2 – Domínios semânticos satélite

Prosseguindo com a análise semiótico-cognitiva das estrofes da canção *Samba de Verão* em confronto com a versão inglesa *So Nice*, observámos as seguintes diferenças na tradução no âmbito dos domínios semânticos, *frames* e esquemas imagéticos no texto de chegada 2 B) relativamente aos do texto de partida 2A):

2A)

Domínios Semânticos	*Frames* e esquemas imagéticos
Ela vem sempre tem (D1-D1)	C desloca-se no espaço
Esse mar no olhar (D3)	A imagina isso
E vai ver, tem que ser (D3)	A imagina isso
Nunca tem quem amar (D3/D6)	Memória e não-amor

No segmento do texto de partida 2A), regista-se o predomínio do D3, em que se constrói a imagem física de C e da relação amorosa entre A e C apenas através da imaginação.

2B)

Domínios Semânticos	*Frames* e esquemas imagéticos
Someone to understand (D3)	A imagina C
Each little dream in me (D3)	A imagina C
Someone to take my hand (D4)	X em interação com A (muito perto)
To be a team with me (D6)	Amor (A-C) (muito perto)

No segmento textual 2B), constante do texto de chegada, a construção mental de C na imaginação é seguida de situações de interação física e amorosa com um X indefinido.

3A)

Domínios Semânticos	*Frames* e esquemas imagéticos
Hoje sim, diz que sim (D4)	C fala com A
Já cansei de esperar (D1)	A experiencia ausência de C
Nem parei, nem dormi (D1)	A não realiza ações
Só pensando em me dar... (D3-D6)	A imagina amor C-A

No segmento textual em português, 3A), A procura interação verbal com C e sofre os efeitos físicos negativos da não concretização deste amor imaginado.

3B)

Domínios Semânticos	*Frames* e esquemas imagéticos
So nice (D3)	A imagina isso
Life would be so nice (D3)	A imagina isso
If one day I´d find (D3)	A imagina isso
Someone	A imagina contacto com X
Who would take my hand (D6)	(muito perto)

No segmento textual em inglês, 3B), verifica-se o predomínio da construção de cenários imaginados e de contacto físico amoroso.

4A)

Domínios Semânticos	*Frames* e esquemas imagéticos
Peço, mas você não vem	A fala com C, mas C não
(D4-D1)	ação (perto-longe)
Bem!	A desiste mentalmente
Deixo então (D3)	
Falo só (D4)	A fala com Y (longe)
Digo ao céu (D4)	A fala com Y (longe)
Mas você vem... (D1-D3)	A imagina C perto

No segmento textual 4A), são construídas diversas situações de interação verbal sem interlocutor ou mesmo até tendo como interlocutor uma entidade não humana.

4B)

Domínios Semânticos	*Frames* e esquemas imagéticos
And samba	C ama A (perto e duração)
Through life with me (D6)	
Someone to cling to me (D6)	X ama A (perto)
Stay with me (D6)	X ama A (perto)
Right or wrong (D3)	dúvida

Neste segmento textual 4B), predomina a representação de cenários da vida amorosa de A, em que C tem contacto físico com A, mas em que esta entidade humana também equaciona ser amada por outro parceiro indefinido.

5A)

Domínios Semânticos	Cenas e esquemas imagéticos
Deixo então! (D3)	A desiste mentalmente
Falo só (D4)	A fala Y (longe)
Digo ao céu (D4)	A fala Y (longe)
Mas você vem... (D1-D3)	A imagina C (longe-perto)

Neste segmento de texto de partida, 5A, A interage verbalmente com uma entidade não humana, sendo que ainda imagina a trajectória de C para perto dele.

5B₁)

Domínios Semânticos	*Frames* e esquemas imagéticos
Someone to sing to me	X interage com A (perto)
Some little samba song (D4)	
Someone to take my heart (D6)	X ama A (perto)
And give his heart to me (D6)	X ama A (perto)
Someone who´s ready to	X ama A (perto)
Give love a start with me (D6)	

Neste segmento considerado equivalente, 5B1), A envolve-se amorosamente com um parceiro amoroso indefinido, em cenários amorosos de proximidade física.

5B₂)

Domínios Semânticos	Cenas e esquemas imagéticos
Oh yeah	A imagina isso
That would be so nice (D3)	
I could see you and me (D6)	A imagina amor A-C
That would be so nice (D3)	A imagina isso

Em 5B₂ temos de novo, cenários imaginados, em que A interage amorosamente com C.

Observações finais

Constata-se que a abordagem semiótica cognitiva em domínios semânticos, conjugada com a identificação dos *frames* e dos esquemas imagéticos, constitui uma ferramenta operativa na avaliação dos processos de tradução, uma vez que permite, mediante análise confrontativa, apurar as diferenças linguístico-conceptuais no texto de chegada relativamente ao texto de partida. Desta forma, a aferição das diferentes opções cognitivas entre o texto de partida e o texto de chegada permite-nos aquilatar se se trata de um caso de tradução, ou seja, de equivalência conceptual de domínios semânticos / *frames* / esquemas imagéticos entre o texto de partida e o texto de chegada, ou de um processo de transcriação, ou seja, de uma não equivalência entre os domínios semânticos / *frames* / esquemas imagéticos entre o texto de partida e o texto de chegada.

Dado que ficou patente que os domínios semânticos plasmados no texto de partida e no texto de chegada se afiguravam, com alguma frequência, bastante divergentes entre si, concluímos que *So Nice* configura um caso evidente de transcrição do texto da canção brasileira *Samba de Verão*. Na referida versão inglesa transcriada, as experiências físicas de deslocação espacial e os enquadramentos climáticos tropicais, culturalmente marcados, são reconvertidos, de forma geral, num conjunto de cenários indiciadores de uma potencial relação amorosa. Ao substituir domínios semânticos experienciais e referências culturais brasileiras do texto de partida pelo domínio semântico do amor, mentalmente fabricado, no texto de chegada, o tradutor/autor envereda por uma estratégia de construção textual em inglês de pendor universal. Logo, o processo de tradução do texto desta canção brasileira para inglês revela que não podemos separar as dimensões culturais das construções gramaticais constantes das vigências textuais.

Obras de referência

Dicionário da Língua Portuguesa Contemporânea, 2 volumes, Lisboa: Verbo, 2001.
Wahrig. Deutsches Wörterbuch, Gütersloh 1997: Bertelsmann Lexikon Verlag, 1997.

Referências bibliográficas

Adab, B./Schmitt, P.A./Shreve, G., eds.) (2012), *Discourses of Translation. Festschrift in Honour of Christina Schäffner,* Frankfurt/Bern: Peter Lang.

Almeida, M.C. (1999), "A Arte de ser Metáfora: estudo interlinguístico português-alemão de índole cognitiva", In *Polifonia 2,* , Lisboa: Colibri, 59-74.

Almeida, M. C. (2011), "Architecturing Proximity in Translation. The artful mind *versus* the shared mind", In: *Proximidade e Distância na Língua e na Cultura,* (Franco, M./Sieberg, B., eds.), Lisboa, Universidade Católica Editora, 125-140.

Almeida, M. C. (2015), "Going Political: Multimodal metaphor framings in covers of the sports newspaper *A Bola,* Apresentação à *V Conferência Internacional Metáfora na Linguagem e no Pensamento,* Universidade Federal de Minas Gerais, 7-9 de Outubro de 2015.

Almeida, M. C. et al. (2013a), *Jogar Futebol com as Palavras. Imagens metafóricas no jornal "A Bola",* Lisboa: Colibri.

Almeida, M. C. /Sousa, B. (2013b), " Metaphors in Rap Texts: local architecturings of political agendas", In: *Comunicação Política e Económica. Dimensões cognitivas e discursivas* (Silva, A. S. et al., orgs), Braga: Aletheia, 127-140.

Almeida, M. C./Sousa, B. (2015), "From Monomodal to Multimodal Metaphors in the Sports newspaper *A Bola" In: Revista Brasileira de Linguística Aplicada, Metaphor and Metonymy in Social Practices* (ed. Gibbs, R.W./Ferreira, L.), http://www.scielo.br/scielo.php?script=sci_arttext&pid=S19846398201 5000200403&lng=pt&nrm=iso#aff2.

Bernárdez, E. (2013), "A Cognitive View on the Role of Culture in Translation" In: Rojo, A./Ibarretxe-Antuñano, I. (eds.), 313-338.

Brandt, P.A. (2004), *Spaces, Domains and Meaning. Essays in Cognitive Semiotics*, Frankfurt: Peter Lang.

Dirven, R./Radden, G (eds.) (1987), *Fillmore´s Case Grammar: a reader*, Heidelberg: Julius Groos Verlag.

Donald, M. (2001), *A Mind so Rare. The Evolution of Human Consciousness*, New York/London: Norton & Company.

Evans, V./Green, M. (2006), *Cognitive Linguistics: An Introduction*, London/New Jersey: Lawrence Earlbaum Associates Publishers.

Gibbs, R. W./Ferreira, L. C. (2011), Do people infer the entailments of conceptual metaphors during verbal understanding?" In: *Cognitive Linguistics. Convergence and Expansion* (Brdar, M./Gries, S./ Fuchs, M. Z., eds.), 221-236.

Ferreira. L.C. (2012), "Metáfora e Tradução" In: *Anais do X Encontro de Tradutores & e do IV Encontro Internacional de Tradutores*, Ouro Preto: UFOP, 301-313.

Humphrey, L. et al. (2011), *The Little Book of Transcreation*, London: Mother Tongue Ldt.

Jackson, K. D. (2010), "Transcriação/Transcreation: The Brazilian concrete poets and Translation", In: *The Translator as Mediator of Cultures* (Tonkin, H. /Frank, M. E., eds.), Amsterdam: J. Benjamins, 139-160.

Kövecses, Z. (1986), *Metaphors of Anger, Pride and Love*, Amsterdam: J. Benjamins.

Kövecses. Z. (2002), *Metaphor: a practical introduction,* Oxford/New York: Oxford University Press.

Kövecses, Z. (2005), *Metaphor in Culture. Universality and Variation,* Cambridge/New York: Cambridge University Press.

Kövecses, Z. (2006), Language, Mind and *Culture: a practical introduction Oxford/*New York: Oxford University Press.

Lakoff, G./Johnson, M. (1980) [2003], *Metaphors we live by,* Chicago: Chicago U. Press.

Lakoff, G./Turner, M. (1989), *More than Cool Reason. A field Guide to Poetic Metaphor*, Chicago/London: University of Chicago Press.

Malmkjaer, K. (2012), "What´s the point of Universals, then?" In: Adab, B. /Schmitt, P. / Shreve, G., eds.), 65-72.

Paradis, M. (2004), *A Neurolinguistic Theory of Bilingualism*, Amsterdam: John Benjamins.

Rojo, A./Ibarretxe-Antuñano (2013)," Cognitive Linguistics and Translation Studies: Past, Present and Future", In: *Cognitive Linguistics and Translation. Advances in some Theoretical Models and Applications,* (Rojo, A./Ibarretxe-Antuñano, I. ,eds.), Berlin: de Gruyter, 3-27.

Rojo, A. / Valenzuela, J. (2013), "Constructing Meaning in Translation: the role of constructions in translation problems", In: Rojo, A./Ibarretxe-Antuñano, I., eds.), 283-310.

Rydning, A. F. (2012), „CTMM as a Method to Study Conceptual Metaphotonymies in Translation", In: *Cognitive Linguistics between Universality and Variation* (Brdar, M./ Raffaelli, I./Fuchs, M. Z., eds.), Newcastle: Cambridge Scholars Publishing, 293-326.

Samaniego Fernández, E. (2013), "The Impact of Cognitive Linguistics on Descriptive Translation Studies: Novel metaphors in English-Spanish newspaper translation as a case in point", In: Rojo, A./Ibarretxe-Antuñano, I. (eds.), 159-198.

Schäffner, C. (2004), "Metaphor and Translation: some implications of a cognitive approach", In: *Journal of Pragmatics* 36, 1253-1269.

Schäffner, C. (2006), Metaphern In: *Handbuch Translation* (hrsg. Seneel-Hornby et. Al), Tübingen: Schauffenburg, 2. Auflage, 280-285.

Schröder, U. (2009), "Metáforas numa perspectiva intercultural", In: *Linguística, Tradução e Discurso* (orgs. Lara, G. M. P./Cohen, M.A.), Belo Horizonte: editora UFMG, 315-328.

Shreve, G. M. (2012), "The Discourses of Translation: An introduction" In: *Discourses of Translation. Festschrift in Honour of Christina Schäffner* (Adab, B./Schmitt, P./Schreve, G., eds.), Frandkfurt/Bern: Peter Lang, 39-48.

Soriano, C. (2012), "La metáfora conceptual" In: *Linguística Cognitiva* (Ibarretxe-Antuñano, I./Valenzuela, J. , dirs.), Barcelona: Anthropos, 97-121.

Tabakowska, E. (1993), *Cognitive Linguistics and the Poetics of Translation,* Narr: Tübingen.

Tabakowska, E. (2013), "(Cognitive) Grammar in Translation: Form as Meaning" In: Rojo, A./Ibarretxe-Antuñano (eds.), 229-250.

Anexo

Samba de Verão
(Caetano Veloso)

Análise de *Samba de Verão* à luz dos domínios semânticos (Brandt, 2004)

A menina que vem... (D1)
Ela vem sempre tem (D1-D1)
Esse mar no olhar (D3)
E vai ver, tem que ser (D3)
Nunca tem quem amar (D6)
Hoje sim, diz que sim (D4)
Já cansei de esperar (D1)
Nem parei, nem dormi (D1)
Só pensando em me dar... (D3)
Peço, mas você não vem (D4-D1)
Bem!
Deixo então (D3)
Falo só (D4)
Digo ao céu (D4)
Mas você vem... (D1-D3)
Deixo então! (D3)
Falo só (D4)
Digo ao céu (D4)
Mas você vem... (D1-D3)

So Nice
(Diana Krall)

Análise de *So Nice* à luz dos domínios semânticos (Brandt, 2004)

Someone to hold me tight (D4)
That would be very nice (D3)
Someone who love me right (D6)
That would be very nice (D3)
Someone to understand (D3)
Each little dream in me (D3)
Someone to take my hand (D4)
To be a team with me (D6)
So nice (D3)
Life would be so nice (D3)
If one day I´d find (D3)
Someone
Who would take my hand (D4)
And samba
Through life with me (D6)
Someone to cling to me (D6)
Stay with me (D6)
Right or wrong (D3)
Someone to sing to me
Some little samba song (D4)
Someone to take my heart (D6)
And give his heart to me (D6)
Someone who´s ready to
Give love a start with me (D6)
Oh yeah
That would be so nice (D3)
I could see you and me (D6)
That would be so nice (D3)

Luís Cavaco-Cruz

(FLUL | ASTM International)

Da Tradução Técnica e do Texto Técnico[1]

A problemática das definições de tradução técnica e de texto técnico têm sido objeto de inúmeras logomaquias e teorizações ao longo dos anos. Como é intrínseco à investigação científica, cada teorização sobrepõe-se à anterior, constrói sobre ela, infirmando-a ou confirmando-a, e elabora a partir dos seus pressupostos. Este texto, que aqui apresentamos, é essencialmente parte desse processo lógico de contínuo aperfeiçoamento, e que constitui algumas novas abordagens a estas matérias.

1. O que é um texto técnico?

Os tradutores técnicos lidam quotidianamente com textos de inúmeras tipologias e géneros[2]: manuais formativos, guias de instalação, websites e artigos comerciais. Até que ponto lhes poderemos chamar "textos técnicos"? Quais são as características de um texto técnico? Procuraremos responder sucintamente a estas perguntas.

O substantivo feminino português 'técnica' tem a sua origem no étimo grego "τέχνη" (*techne*) o qual significava, na antiguidade, a *arte manual, indústria, ofício; a habilidade (manual, em coisas de espírito); conhecimento teórico, método* (Isidro Pereira, 1984: 572), a que se pode acrescentar *profession; savoir son métier; avoir un métier, connaitre et exercer un art ou un métier* (Bailly, 1930: 1923). Hoje em dia, o nome feminino 'técnica' (de técnico) é-nos apresentado (Infopédia - Porto Editora, 2012) como

---

[1] Este artigo constitui um trabalho derivativo de excertos existentes no meu livro *Manual Prático e Fundamental de Tradução Técnica* (2012).

[2] Neste trabalho, o conceito de "género" refere-se, com alguma amplitude, às características comuns de um determinado grupo, estilo, ou tipo de textos, e às suas características prototípicas, e não aos géneros gramatical ou literário. Quanto às especificidades do género de texto técnico, estas serão providenciadas mais adiante.

1. conjunto de processos baseados em conhecimentos científicos, e não empíricos, utilizados para obter certo resultado
2. conjunto dos processos de uma arte, de um ofício ou de uma ciência
3. ciência aplicada, especialmente no campo industrial

Esta mesma aceção é-nos confirmada pela significação francesa, que encontramos no Larrousse (Larrousse - termo: "technique"):

1. Ensemble de procédés et de moyens pratiques propres à une activité.
2. Savoir-faire, habileté de quelqu'un dans la pratique d'une activité.
3. Manière de faire pour obtenir un résultat.
4. Ensemble de procédés reposant sur des connaissances scientifiques et destinés à la production.
5. Ensemble des applications de la science dans le domaine de la production.

Começamos então por verificar que o termo se aplica a uma ampla variedade de situações, teóricas e práticas, o que nos deixa uma vasta latitude de interpretação, sendo que, para que possamos considerar o termo desambiguadamente, necessitamos de ir muito mais a fundo nesta investigação.

2. Os conceitos de "tradução técnica" e de "texto técnico"

As tentativas de explicação do conceito de "tradução técnica" têm-se multiplicado e complicado ao longo dos tempos. Por isso mesmo, importa que clarifiquemos o que se entende por "tradução técnica". Será, talvez, conveniente sabermos o que os especialistas pensam sobre o assunto, antes sequer de esboçarmos uma opinião sobre a matéria.

Durão (2007: 22-24), na sua tese de Doutoramento, que versa sobre a formação de tradutores em tradução científica e técnica, elenca-nos sucintamente as perspetivas de vários especialistas sobre o que é "tradução técnica":

> [para Jenny Williams e Andrew Chesterman é] *a tradução de diferentes tipos de textos especializados sobre ciências e tecnologias e sobre outras disciplinas como a Economia e a Medicina;*
>
> *Amparo Hurtado Albir* [...] *distingue entre a tradução técnica de outros tipos de tradução, como a tradução jurídica, a tradução económica, a tradução literária ou a tradução de publicidade;*
>
> *Isadore Pinchuck* [...] *segue o sistema de classificação internacional Dewey e o sistema de Classificação Decimal Universal, adoptados pela UNESCO* [3] *em 1957,* [classificação agora atualizada por esta mesma organização] *e cataloga a tradução científica como a tradução que diz respeito às ciências puras e a tradução técnica como a que tem a ver com as ciências aplicadas, designadamente, as ciências naturais e as tecnologias;*

---

3 A UNESCO adotou, a partir de 2005, uma classificação *para as ciências e as tecnologias* [que] *abrange todas as áreas do conhecimento, desde a Medicina, a Matemática e as Ciências Tecnológicas à Pedagogia, Ética, Lógica, Artes e Letras* (DURÃO, 2007: 22-23).

[segundo Carlos Castilho Pais,] *a tradução dita 'técnica' não existe, assim como não existe a tradução dita 'literária'. Existem sim textos traduzidos, que ostentam naturezas e funções diversas, que mostram teórica e praticamente um modo específico de traduzir.*

Registe-se que Durão acaba, ela própria, por adotar a tese de Castilho Pais, considerando a

tradução científica e técnica como uma forma simplificada de nos referirmos [...] à tradução de documentação científica e técnica [...] relacionada com as áreas das ciências do sistema de classificação da UNESCO.

Por outro lado, Byrne (2006: 11), apresenta a tradução técnica como um serviço comunicativo para dar respostas a uma necessidade de informação técnica:

The purpose of technical translation is, therefore, to present new technical information to a new audience, not to reproduce the source text, per se, or reflect its style or language. Technical translation is a communicative service provided in response to a very definite' demand for technical information which is easily accessible (in terms of comprehensibility, clarity and speed of delivery).

Porém, Byrne (2006: 3) sublinha ainda que é possível delimitarmos a "tradução técnica" através do conceito de área científica, ao afirmar que

a definition of technical translation [...] has its roots in the translation industry and indeed industry as a whole, namely, that technical translation deals with technological texts. Or more specifically, technical translation deals with texts on subjects based on applied knowledge from the natural sciences.

Byrne, sublinhe-se, reconhece que a existência num texto de uma terminologia especializada não o torna num texto técnico[4], contra-

---

[4] (Byrne, 2006: 3): *'technical' means precisely that, something to do with technology and technological texts. Just because there is a specialised terminology, doesn't make something technical, ibidem.*

riamente à visão tradicional de "língua de especialidade", tal como a vemos na aceção de Manuel González González[5], aquando da sua intervenção no vigésimo encontro da APL para responder aos *puntos de reflexión que a coordinadora da mesa* [lhe] *suxeriu*. Relativamente à pergunta se se deveria proceder do mesmo modo em relação à regulação de neologismos da língua corrente e em relação a termos científicos e técnicos, González González assegura que

> *normalmente a lingua común é un espello moito máis transparente da vida social de cada momento do que é a lingua de especialidade. A lingua de especialidade debe ter como finalidade fundamental asegurar a comunicación especializada, e a comunicación especializada é sempre moito máis precisa que a comunicación informal.*

Esta ideia de "língua de especialidade" foi também corroborada por vários outros autores, cujo conceito se prende com a noção de compartimentação linguística. Para H. Picht e J. Draskau, citados por Contente (2008: 31), uma "língua de especialidade" é

> *a formalized and codified variety of language, use for special purposes and in a legitimate context - that is to say, with the function of communicating information of a specialized nature at any level - at the highest level of complexity, between initiate experts, and at lower levels of complexity, with the aim of informing or initiating other interested parties in the most economic, precise and unambiguous terms possible.*

Esta mesma autora cita ainda Marie-Claude l'Homme (Contente, 2008: 31), uma autora que *faz uma análise exaustiva do conceito de língua de especialidade, abordando as diferentes concepções propostas pelos investigadores* e que apresenta o conceito como um subgrupo linguístico:

> *sous-ensemble linguistique comprenant l'ensemble des moyens d'expression (lexicaux, morphologiques, syntaxiques et stylistiques), utilisés la plupart du temps par un groupe de spécialistes, à l'intérieur d'un domaine du savoir humain.*

---

[5] (Correia & Mineiro, Neologia de importação no português europeu: desafios e medidas a tomar, 2004).

Ainda neste contexto, Contente acredita[6] que *este conceito suben-tende que cada ciência possui a sua própria língua de especiali-dade.* Nesse sentido, a autora cita a norma ISO 1087:2000, onde este conceito

> *é definido como uma língua utilizada num domínio e caracteri-zada pela utilização de meios particulares de expressão linguís-tica [...].*

Parecendo certificar esta conceção, a UNESCO (2005: 3) publicou as *Guidelines for Terminology Policies*, uma edição preparada pelo *Infoterm* (*International Information Centre for Termino-logy*), onde, a dado passo, especifica que

> [a] *special purpose language (SPL or specialized language) means the language used by expert communities with a greater or smaller share of terminology and domain-specific linguistic conventions.*

Sucintamente, para todos estes autores, "línguas de especialidade" são funções comunicativas especiais que subsistem <u>independen-temente</u> das línguas naturais, e que se encontram aparentemente alheadas do público geral.

Ainda assim, Contente procura matizar-nos o conceito, afirmando que *a comunicação especializada admite diferentes níveis de es-pecialização, diferentes graus de opacidade cognitiva, que indi-cam diferentes níveis de densidade terminológica e cognitiva*[7]; não nos dando, contudo, orientações sobre os vários "níveis de especialização", ou sobre os diferentes graus de "opacidade cogni-tiva", nem sobre os níveis de "densidade terminológica e cogniti-va".

---

[6] (Contente, 2008: 31).
[7] (Contente, 2008, 44).

Se conhecermos um pouco das técnicas dos processos de mensurabilidade em gestão empresarial, especialmente no respeitante a questões de controlo de qualidade de tradução e de gestão de projetos, interrogar-nos-emos acerca da viabilidade destes "níveis", "opacidades" e "densidades" no mundo tecnológico e empresarial de hoje, uma vez que estas qualidades nos parecem demasiadamente indizíveis e muito pouco mensuráveis.

Temos então, até aqui, várias tentativas de delimitar o conceito de tradução técnica, agora respaldadas pela noção de "línguas de especialidade". Por isso, em resumo, e segundo o que lemos, a tradução técnica, para todos estes autores, deveria ser

- a tradução de textos especializados sobre ciências e tecnologias;
- diferente da tradução de outras áreas do saber, como da área jurídica, económica ou do marketing;
- catalogada segundo o sistema de Classificação Decimal Universal da UNESCO;
- a tradução de áreas específicas do saber (as que incluam tecnologias ou conhecimento científico aplicado);
- a tradução de textos que utilizam uma língua especializada utilizada por uma comunidade de especialistas;
- segundo outros, pura e simplesmente inexistente enquanto género de tradução.

Efetivamente, não encontrámos, até agora, uma definição cabal de tradução técnica que nos permita estabelecer uma delimitação clara das suas fronteiras.

Não obstante a ineficácia das tentativas doutrinárias, não podemos esquecer que foi a própria tecnologia, através da sua popularização e massificação, que tornou ainda mais difícil o esboçar dessa linha, com clareza.

Dado que nenhuma destas tentativas de delimitação é convincente — porque não esclarece, delimita ou define com precisão a resolução do problema —, teremos de prosseguir com a nossa busca.

Comecemos então por observar a classificação da UNESCO[8], especialmente para as áreas da Ciência e Tecnologia[9], invocadas anteriormente, e que apresentam os seguintes campos temáticos (as secções *31* e *33* a negrito são algumas das que mais nos interessam, como veremos de seguida):

11 Lógica	53 Ciências Económicas
12 Ciências Matemáticas	54 Geografia
21 Astronomia e Astrofísica	55 História
22 Física	56 Ciências Jurídicas e Direito
23 Química	57 Linguística
24 Ciências da Vida	58 Pedagogia
25 Ciências da Terra e do Espaço	59 Ciência Política
31 Ciências Agrárias	61 Psicologia
32 Ciências Médicas	62 Ciências das Artes e das Letras
33 Ciências Tecnológicas	63 Sociologia
51 Antropologia	71 Ética
52 Demografia	72 Filosofia

Reitero que as secções *31 Ciências Agrárias* e *33 Ciências Tecnológicas* — por possuírem um pendor tecnológico e produtivo comum — se afiguram fulcrais na definição de tradução técnica. Estas são constituídas pelas seguintes subsecções:

31 Ciências Agrárias	**33 Ciências Tecnológicas**
3101 Agroquímica	3301 Tecnologia e Engenharia Aeronáutica
3102 Engenharia Agrícola	3302 Tecnologia Bioquímica
3103 Agronomia	3303 Tecnologia e Engenharia Química
3104 Produção Animal	3304 Tecnologia da Computação
3105 Peixes e Vida Selvagem	3305 Tecnologia da Construção
3106 Ciência Florestal	3306 Tecnologia e Engenharia Elétrica
3107 Horticultura	3307 Tecnologia Eletrónica
3108 Fitopatologia	3308 Tecnologia e Engenharia Ambiental
3109 Ciências Veterinárias	3309 Tecnologia Alimentar
3199 Outras Especialidades Agrícolas (Especificar)	3310 Tecnologia Industrial
	3311 Tecnologia da Instrumentação
	3312 Tecnologia dos Materiais
	3313 Tecnologia e Engenharia Mecânica
	3314 Tecnologia Médica
	3315 Tecnologia Metalúrgica
	3316 Tecnologia de Produtos Metálicos

---

[8] (UNESCO, 2005). Original em espanhol. Tradução do Autor.

[9] (Gamero Pérez, 2001: 61)

3317 Tecnologia de Veículos Motorizados
3318 Tecnologia da Mineração
3319 Tecnologia Naval
3320 Tecnologia Nuclear
3321 Tecnologia do Carvão e do Petróleo
3322 Tecnologia Energética
3323 Tecnologia Ferroviária
3324 Tecnologia Espacial
3325 Tecnologia das Telecomunicações
3326 Tecnologia Têxtil
3327 Tecnologia dos Sistemas de Transporte
3328 Processos Tecnológicos
3329 Urbanismo

Convém referir que algumas das secções se relacionam entre si:

- A subsecção *2306 Química Orgânica*, pertencente à catalogação *23 Química*, uma ciência pura, relaciona-se com as subsecções *3303 Engenharia e Tecnologia Químicas* e *3321 Tecnologia do Carbono e do Petróleo*;
- A subsecção *2209 Ótica*, pertencente à *Física* (uma ciência pura catalogada em *22*) e entronca com a subsecção *3311 Tecnologia da Instrumentação*.

Todavia, o tronco tecnológico comum que outorga às secções *31* e *33* alguma dissemelhança das outras, parece, como vimos, não evitar alguma interseção temática com outras secções, o que dificulta — senão mesmo, impossibilita — a partição das áreas temáticas como forma exclusiva de delimitar o âmbito do conceito de "tradução técnica".

Parece-nos, então, que, a jusante, a definição de "tradução técnica" — e a montante, o conceito de "texto técnico" — carecem de uma definição epistemológica cabal.

Até agora, os autores têm-se focalizado quase exclusivamente nos textos sem terem em atenção o seu destinatário, como se um texto pudesse existir sem um leitor. É essa a doutrina dos teóricos da tradução que advogam a expressão *traduttore, traditore* (tradutor, traidor), que consideram os textos de partida como unidades autónomas a que o público de chegada se tem de subjugar – fundamentalismo que levaria, em última instância, à impossibilidade da tradução.

Jakobson é perentório ao afirmar que

> *se alguma categoria gramatical não existe numa língua dada, seu sentido pode ser traduzido nessa língua com a ajuda de meios lexicais*, isto porque, *as línguas diferem essencialmente naquilo que devem expressar, e não naquilo que podem expressar* (Jakobson, 2003: 69-69).

Acreditamos que o argumento purista possa ter alguma expressão, em parte, no que toca à tradução literária — dizemos "em parte", porque não podemos nunca esquecer que um qualquer texto de partida deve ser entendido, na tradução, pelo público-alvo do texto de chegada, pelo que será necessário efetuar neste texto algumas adaptações sintáticas, semânticas e conceptuais.

Concordamos, contudo, com o postulado da tradução literária em como o espírito, o estilo e o propósito artístico do original devam ser mantidos, para que se possam transmitir, entre as línguas, as subtilezas literárias e estilísticas do seu autor. Da mesma forma o afirma Eco (2005: 15):

> *Traduzir, portanto, quer dizer compreender o sistema interno de uma língua e a estrutura de um texto dado nessa língua, e construir um duplo do sistema textual que, sob uma certa descrição, possa produzir efeitos análogos no leitor, tanto no plano semântico e sintáctico, como no estilístico, métrico, fonossimbólico, e quanto aos efeitos passionais para que tende o texto-fonte.*

Traduzir um texto literário com outro intuito seria o mesmo que expor numa galeria "Os Girassóis" de Van Gogh a partir de uma cópia fotográfica a preto e branco. Ainda que fosse interessante e belo, seria, contudo, radicalmente diferente, se considerarmos que a pujança visual desse quadro está na cor. Mas essa realidade artística da tradução literária não se coaduna nem com o espírito nem com a letra da tradução técnica. Métrica, fonossimbolismo e *pathos* não têm lugar na tradução técnica.

Com efeito, os textos provenientes da tradução técnica — e consequentemente, os da escrita técnica — cumprem uma função essencialmente pragmática e utilitária. É deles que emana, diariamente, a panóplia de atividades que enformam a vida das pessoas: as suas atividades pessoais, profissionais, escolares, e até lúdicas.

Efetivamente, como comprova Byrne (2006: 2), *technical translation accounts for some 90% of the world's total translation output each year*. Os textos técnicos fazem parte da vida das empresas, dos escritórios, dos manuais escolares, da publicidade, dos telemóveis e dos meios de transporte, das consolas de jogos e das fábricas, e de quase todo o tipo de atividades nas sociedades modernas.

Nesta perspetiva alargada de "linguagem de especialidade", é difícil distinguir a tradução técnica de uma outra tradução não-literária.

É neste sentido que Gamero Pérez (2001: 23) afirma que

> *por una parte, que toda traducción es especializada, puesto que siempre entran en juego conocimientos especiales. [...] la clave que justifica el uso de esta denominación es que el tipo de texto a que se refiere está caracterizado fundamentalmente por los llamados «lenguajes de especialidad»: lenguaje técnico, científico, jurídico, económico, administrativo, etc.*

Estes "conhecimentos especiais" mais não são que o conhecimento que os falantes têm do mundo que os rodeia, que é utilizado ao manusearem um telemóvel para telefonar a um amigo ou ao conduzirem um veículo, na ida para o trabalho. Não serão estes equipamentos peças de tecnologia que fazem parte do nosso quotidiano? Não entraram já os termos 'carro', 'veículo', 'automóvel' no léxico do quotidiano ao mesmo tempo que são termos especializados? Da mesma forma que são técnicos os procedimentos para se enviar uma mensagem a partir de um telemóvel ou engrenar a marcha-atrás num qualquer automóvel. Não o fazemos todos diariamente?

Dado que o assunto não se esgota aqui, temos de continuar a procurar determinar em que medida um texto é ou não técnico, e quais os fatores que o enformam. O facto de um texto estar redigido numa possível "linguagem de especialidade" não é um garante de estarmos perante um texto técnico. Outros fatores há — como o uso que se lhes dá — que concorrem para a sua diferenciação:

> *Junto a la especificidad del uso, también hay diferencias de tipo textual. Así, en los textos científicos prevalece la argumentación y la descripción, mientras que en los textos técnicos dominan claramente la descripción y la exhortación* (Gamero Pérez, 2001: 26).

Há, todavia, para Gamero, outros fatores, decorrentes da sua investigação, que influenciam a classificação de texto técnico e que passam pela função de cada texto, nomeadamente nas situações em que

> *el ámbito de uso de los textos técnicos es mucho más amplio, e incluye la producción de textos con el fin de contribuir a la organización de los procesos industriales [...], ofrecer información al usuario de los productos [...], anunciar productos [...], y otros muchos más [...]"* (Gamero Pérez, 2001: 28),

deixando, aqui, de lado, os textos teóricos. Porém, se atentarmos na tipologia (ou área temática de um texto) facilmente chegamos à conclusão, em sintonia com Gamero (2001: 28), de que o tipo de matéria abordada não é um garante da exatidão da sua classificação enquanto texto técnico ou científico:

> *Por supuesto, también se escriben artículos de investigación sobre campos técnicos, pero aquí se produce un divorcio entre el tema y el ámbito comunicativo de uso. La situación comunicativa en la que se produce un artículo de este tipo no es técnica, puesto que no surge en el seno de la industria ni están implicados técnicos en su emisión, ni su finalidad está relacionada directamente con la aplicación práctica de conocimientos teóricos. Por tanto, un artículo de investigación sobre el control de la polución del aire (3308: ingeniería y tecnología ambiental) es un texto científico, mientras que un proyecto de medidas para la rápida descontaminación del medio ambiente en una determi-*

nada zona geográfica (idéntico campo temático) es un texto técnico.

O problema reside, efetivamente, na multifuncionalidade textual, isto é, o facto de um texto pertencer a uma área de ciência, como a engenharia ambiental, não faz dele necessariamente um texto científico. Na mesma medida, um ensaio académico sobre a química dos materiais utilizados na construção de pistões cerâmicos não é um texto técnico, mas sim um texto científico. Esta situação não tem em conta os vários focos contextuais de cada texto.

Portanto, para chegarmos à definição de texto técnico, importa atentarmos na **dimensão comunicativa do contexto**, isto é, uma dimensão pragmática do texto: por um lado, a *situação comunicativa dos textos técnicos está ligada à indústria, ao fabrico de produtos ou à prestação de serviços*[10].

Por outro lado, segundo Gamero, há que contar com outras varáveis, tais como as **três funções textuais**: a **argumentativa**, a **expositiva** e a **exortativa**. Para além das funções textuais há ainda que considerar o foco contextual que, segundo Basil Hatim e Ian Mason[11], pode existir, no mesmo texto, enquanto foco dominante e foco secundário.

Segundo a autora, a função argumentativa prende-se fortemente à escrita académica e científica[12], pelo que devemos, no que toca aos textos técnicos, dar uma atenção especial à exposição e à exortação.

---

[10] (Gamero Pérez, 2001: 35). T. do A.

[11] (Gamero Pérez, 2001: 64)

[12] Gamero trabalhou sobre um *corpus* espanhol de materiais variados, e chegou a conclusões claras sobre os textos técnicos, o estudo da sua tipologia, e dos géneros textuais. Gamero refere, aliás, que

si comparamos estos tipos con los propuestos por Hatim y Mason observaremos la ausencia del foco argumentativo. Ningún texto del corpus presenta este foco, ni como función dominante ni como secundaria. Podemos deducir que la argumentación no es propia de la técnica. (Gamero Pérez, 2001: 67)

A **função expositiva** é uma *função textual com três variantes: a) a exposição conceptual, b) a descrição e c) a narração*[13] (Gamero Pérez, 2001: 36), e relativamente à **função exortativa**, assegura Gamero que

> *el emisor pretende regular el modo de actuar o de pensar de las personas por medio de la exhortación o de la instrucción.*
> *Los focos contextuales que predominan en los textos técnicos son la exposición (sobre todo la descripción) y la exhortación (tanto con alternativa como sin alternativa). Casi todos los textos técnicos poseen más de un foco; es decir, son multifuncionales* (Gamero Pérez, 2001: 37).

Tendo então por base Gamero[14], e avançando mais além, modificando a sua proposta, somos agora capazes de elaborar uma definição, em português, de texto técnico, de uma forma que se afigura suficientemente englobante e precisa:

---

[13] T. do A.
[14] Afirma Gamero, no original, que (2001: 38)

> *teniendo en cuenta todo lo dicho, proponemos definir el texto técnico como un acto concreto de comunicación en el que los emisores son ingenieros, técnicos o profesionales; los receptores son otros ingenieros, técnicos, especialistas en formación o público general; la situación comunicativa está relacionada con la industria, la explotación agrícola, la fabricación de productos o la oferta de servicios; el foco predominante es la exposición o la exhortación; el modo es generalmente escrito; el campo es de carácter exclusivamente técnico [...].*

O **texto técnico** é um ato concreto de comunicação em que

- os emissores são especialistas, engenheiros, técnicos ou profissionais;
- os destinatários são quer outros especialistas, engenheiros e técnicos, formadores, quer público em geral;
- o âmbito textual inclui as áreas temáticas com pendor técnico, tecnológico ou produtivo, onde se inclui o sistema de Classificação Decimal Universal da UNESCO;
- a situação comunicativa está relacionada com a indústria, a exploração de recursos naturais, agrários e marítimos, a fabricação de produtos, e a oferta e prestação de serviços;
- a função textual predominante é a exposição ou a exortação;
- o meio é geralmente escrito;
- o tema é de natureza procedimental, técnica, tecnológica ou relativa a conhecimento científico aplicado.

Nesta mesma linha, há que definir o que é o género técnico, pois ao fazê-lo, abraçamos por completo aquilo que outros autores disseram anteriormente e que nos propusemos analisar sumariamente:

Podemos definir o **género técnico** como um protótipo textual, usado em determinadas situações comunicativas que se repetem dentro de uma cultura específica em qualquer das áreas incluídas na nomenclatura da UNESCO para os campos da tecnologia, e que tem como finalidade que a comunicação seja efetuada da forma mais eficiente possível.

Cada género técnico apresenta uma série de elementos textuais fixos:
- um ou dois focos contextuais (exortativos, expositivos, ou uma combinação de ambos),
- um emissor que é sempre um especialista,
- um recetor que pode ser outro especialista ou o público em geral,
- um meio que pode ser escrito, oral ou audiovisual,
- e, finalmente, como protótipo, um funcionamento textual interno de características relativamente fixas e convencionais[15].

A partir desta definição, Gamero giza o modelo da caracterização do género (2001: 65):

1 Género.
2 Foco contextual dominante.
3 Foco contextual secundário.
4 Recetor.

Assim, tendo em conta a definição de texto técnico, a definição de género técnico, e a sua caracterização, apresentamos os 41 **géneros técnicos** (30 deles apoiados em Gamero), como tentativa de abarcar a totalidade dos géneros:

---

[15] Gamero (2001: 6). T. do A.

- Anúncios SMS
- Anúncios especializados
- Anúncios técnicos gerais
- Artigos comerciais
- Artigos informativos
- Atas de reuniões técnicas
- Bulas de medicamentos
- Cartas técnicas
- Certificados técnicos
- Comunicações internas de empresas
- Conteúdos SEO
- Conteúdos Web
- Descrições técnicas

- Enciclopédias técnicas
- Especificações
- Folhetos informativos publicitários
- Folhetos publicitários
- Guias de estilo
- Instruções de jogos
- Instruções trabalho
- Jogos computador
- Listas de peças
- Listas verificação
- Manuais de instruções especializadas
- Manuais de instruções gerais
- Manuais técnicos
- Monografias informativas

- Normas laborais
- Normas técnicas
- Patentes
- Planos estudos
- Planos produção
- Projetos técnicos
- Propostas comerciais
- Publireportagens
- Relatórios
- Relatórios técnicos
- Requerimentos de desenvolvimento de produto
- Software
- Tweets
- Websites

Do trabalho da autora espanhola resultou um **modelo de género técnico orientado para a função textual**[16]:

1 Géneros expositivos.
2 Géneros expositivos com foco secundário exortativo.
3 Géneros exortativos.
4 Géneros exortativos com foco secundário expositivo.

Da interseção das funções textuais com os respetivos géneros, criámos um **quadro**[17] **de géneros de tradução da escrita técnica**, classificados por foco contextual e tipo de recetor:

---

[16] (Gamero Pérez, 2001: 67).
[17] (Gamero Pérez, 2001: 69):
   [...] los cuatro grupos que se incluyen en nuestra clasificación pueden considerarse típicos del campo técnico.

Foco contextual	Tipo de recetor		
	Geral	**Especializado**	
Expositivo	Artigos informativos Enciclopédias técnicas Monografias informativas	Atas de reuniões técnicas Conteúdos SEO Descrições técnicas	Listas de peças Listas de verificação Manuais técnicos Relatórios técnicos
Expositivo com foco secundário exortativo	Artigos comerciais Conteúdos Web Folhetos informativos publicitários Relatórios anuais Software Tweets Websites	Anúncios especializados Comunicações internas de empresas Propostas comerciais	
Exortativo	Manuais de instruções gerais	Certificados técnicos Guias de estilo Instruções jogos Instruções trabalho Jogos computador	Manuais de instruções especializadas Normas laborais Normas técnicas Patentes Planos estudos Planos produção
Exortativo com foco secundário expositivo	Anúncios SMS Anúncios técnicos gerais Bulas medicamentos Folhetos publicitários Publireportagens	Cartas técnicas Especificações Projetos técnicos Requerimentos desenvolvimento produto	

3. Estilo e comunicação técnica

Lindley Cintra denomina "estilo" como *a escolha entre os diversos meios de expressão* [discursiva, enquanto ato de língua, disponível para cada indivíduo, de entre] *o rico repertório de possibilidades, que é a língua* (Cunha & Cintra, 2005:1).

Existem, contudo, autores que creem que os textos técnicos são desprovidos de estilo. Urge, portanto, que demonstremos que essa premissa está errada, e que os textos técnicos possuem estilos próprios e que são extremamente relevantes quer ao autor de textos técnicos, quer ao tradutor técnico.

Como afirma James DeGeorge (1984:1), interpelando diretamente os autores de textos técnicos,

> *those who will read your writing have many duties and will not, as a rule, spend large amounts of time thinking specifically about your writing style.*
> *Much of the time, their primary interest will be in your ability to convey information clearly and accurately.*

Efetivamente, ao recetor de um texto técnico pouco lhe importa os estilos rebuscados que lhe ofereçam uma fraca inteligibilidade. Continua DeGeorge, dizendo que

> *writers tinker with their prose when they examine and listen to the structures they have created and consider stylistic options based on other, often more economical, clear, or "readable" ways of delivering their message. In a sense, they combine and recombine stylistic options that have become available to them through their experience with language and their innate ear for it*[18].

> *Although you can find many explanations of what writing effectively means, we prefer to define it in terms of the reader. Ultimately, the reader decides whether your writing is clear, whether you have presented the information or ideas in a style*

---

[18] (DeGeorge, 1984: v).

49

> *that is satisfactory, and whether you have a sound understanding of your subject[19].*

Perguntamo-nos: quem são estes leitores / recetores e de que estilos necessitam?

É necessário refletirmos sobre fatores que determinam a inteligibilidade dos textos técnicos. Isto porque os estilos estão ligados à receção da mensagem e do conteúdo, e à forma como estes interagem com o recetor.

Como vimos, a linguagem técnica decorre da forma como a sociedade organiza o seu conhecimento. Em última análise, e sem querermos enveredar por considerações de índole filosófica, podemos dizer que linguagem é conhecimento.

Jakobson (1975:64) refere que

> *não há signatum sem signum. O significado da palavra "queijo" não pode ser inferido de um conhecimento não-linguístico do roquefort ou do camembert sem a assistência do código verbal.*

Isto é, para Jakobson, só da relação entre o objeto e o signo nasce o conceito na nossa mente. Na senda de Pierre Lerat, Contente (2008: 35) apresenta-nos um gráfico que elucida bem sobre a relação do signo — conceito — objeto:

---

[19] (DeGeorge, 1984: 1).

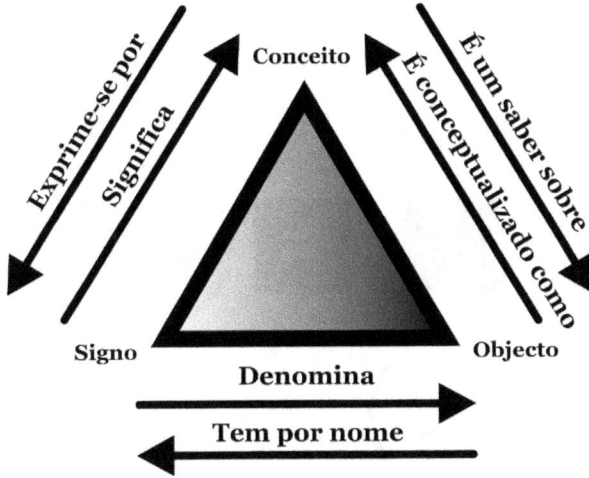

Ilustração 1: A relação do signo — conceito — objeto, segundo Pierre Lerat e Contente (2008) (gráfico do autor).

Porém, esta noção de "signo" Saussureano (Saussure, 1995), provinda das suas dicotomias (linguagem Vs. fala; sincronia Vs. diacronia; sintagma Vs. paradigma; significante Vs. significado) — as quais foram herdadas pela Linguística Generativa — já não pode (ou não deve) hoje colher frutos linguísticos, pois a abundância de resultados emanados da investigação neurocientífica (e.g., Damásio, 1994, 2010; Rosenberg e Kosslyn, 2011; Dalgleish e Power, 1999; Caramazza e Shelton 1998) e a investigação da linguística cognitivista (e.g., Lakoff, 1990; Fauconnier e Turner, 2002; Kovecses, 2006; Geeraerts, 2006; Taylor, 2010; Langacker, 2013) demonstram que esta dicotomia teórica Saussureana mais não é do que uma teorização desatualizada, não obstante ter sido revolucionária no seu tempo.

Na vertente cognitiva da linguística, defendida pelos autores acima citados, subsiste o trinómio da realização linguística, mas agora integrado pela estrutura semântica e estrutura fonológica, estruturas ligadas pela relação simbólica (Taylor, 2010:21):

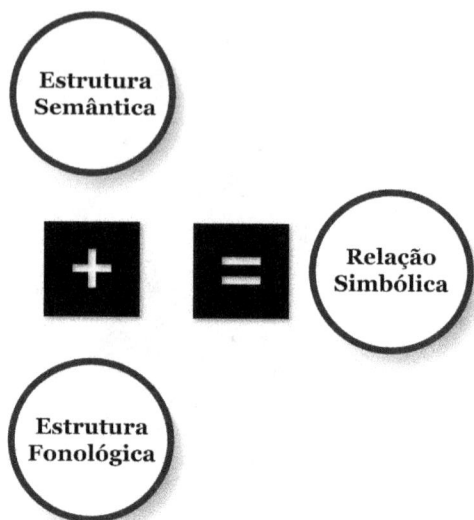

Ilustração 2: A relação da expressão linguística: estrutura semântica — estrutura fonológica — relação simbólica, Taylor (2010) (gráfico do autor).

Não pode, portanto, haver conhecimento sem linguagem, pois só esta permite que os processos de apreensão e interpretação dos estímulos cognitivos do mundo envolvente, através do trinómio "símbolo — conceito — objeto", possam constituir-se em pensamento e daí em ações do quotidiano.

Para que a informação possa ser veiculada, é necessário que tenhamos em mente dois fatores determinantes para a existência de conhecimento: a acessibilidade e a relevância da informação, conforme afirma Rowley e Farrow (2004: 9):

> *Accessibility*
> *Accessibility is concerned with the availability of knowledge to potential users. [...] Also the form and style of communication needs to be amenable. The user's subject knowledge, environmental context, language used and preferences, all influence the success with which a message is received.*
>
> *Relevance*
> *Knowledge available to an individual must be appropriate to the task in hand. [...] Knowledge is relevant when it meets the user's requirements, and can contribute to the completion of the task in which the user is engaged, [...]. Relevance can be as-*

sessed in relation to many of the other characteristics listed in this section, such as currency and accuracy, but may specifically be judged in terms of level of detail and completeness. Completeness is normally judged in relation to a specific task or decision; all of the material information that is necessary to complete a specific task must be available. In addition, the level of detail, or granularity, of the information must match that required by the task and the user.

A forma como o conhecimento e a informação estão acessíveis ao utilizador / recetor desempenha assim um papel crucial para a boa receção da informação.

São vários os fatores que influenciam a boa receção da informação:

- o nível de conhecimento do recetor acerca do assunto em questão;
- a maior ou menor capacidade do recetor em interagir com a sua realidade envolvente (ou seja, a sua literacia)
- o contexto em que é veiculada a informação;
- os registos e níveis de língua utilizados;
- a relevância da informação para o recetor; e
- a promoção, completude, precisão e o detalhe dessa informação.

Qual é a importância destes fatores para a produção textual técnica em Portugal?

Uma boa maneira de abordarmos esta sequência de fatores com um intuito prático será a de começarmos por saber qual é o nível de conhecimentos dos recetores portugueses.
Para isso atentemos num estudo de literacia levado a cabo por uma equipa portuguesa constituída por quatro investigadores do CIES – Centro de Investigação e Estudos de Sociologia: João Sebastião, Patrícia Ávila, Maria do Carmo Gomes e António Firmino da Costa (Gomes, Sebastião, Ávila, & Costa, 2000:4-5):

O inquérito foi aplicado a uma amostra representativa da população nacional constituída por 2449 indivíduos, com idades compreendidas entre os 15 e os 64 anos [e através de uma] *prova de avaliação directa de competências foi então possível construir uma única escala compreendendo as três dimensões mencionadas (literacia em prosa, documental e quantitativa), que permitiu situar a população portuguesa em cinco níveis distintos de literacia.*

Os resultados foram expressivos, como o mostra o gráfico abaixo:

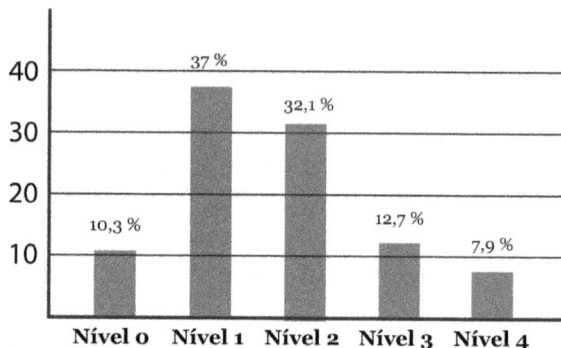

Ilustração 3: CIES "Resultados globais da distribuição da população adulta (15-64 anos) por níveis de literacia – 1994". G. do A.

[...] *a maior parte dos inquiridos situa-se em níveis de literacia baixos ou muito baixos, sendo bastante reduzidas as percentagens correspondentes aos níveis superiores de literacia. No Nível 0 situam-se 10,3% dos inquiridos, cujo posicionamento revela a incapacidade de resolver correctamente qualquer das tarefas. Os Níveis 1 e 2 englobam as maiores percentagens (37,0% e 32,1%, respectivamente). Finalmente, no Nível 3 localiza-se 12,7% da população e no Nível 4 surge apenas 7,9%.*

Este estudo vai de encontro aos níveis de habilitações académicas em Portugal, que em 2010, correspondem, *grosso modo*, aos resultados do estudo do CIES, demonstrado abaixo, a partir de dados obtidos do Pordata:

População residente com 15 e mais anos:
total e por nível de escolaridade completo mais elevado

Ano	Indivíduos - Milhares						
	Nível de escolaridade						
	Total	Sem nível de escolaridade	Básico - 1º ciclo	Básico - 2º ciclo	Básico - 3º ciclo	Secundário e pós-secundário	Superior
1998	8444,9	1598.9	2892.3	1365.1	1190.4	877.1	521.1
2010	9021.4	932.2	2562.6	1279.9	1765	1416.6	1065
	Fonte de Dados: INE - Inquérito ao Emprego | Fonte: PORDATA Última atualização: 2012-02-20						

Tabela 1: População residente com 15 e mais anos: total e por nível de escolaridade completo mais elevado. Dados Pordata (tabela do autor).

Dos valores obtidos no Pordata, pudemos construir os seguintes gráficos:

Níveis de escolaridade
Pordata

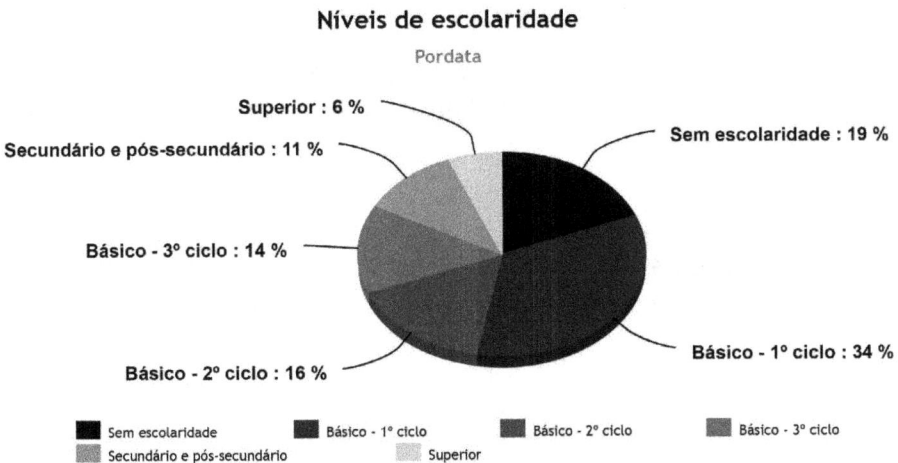

Superior : 6 %
Secundário e pós-secundário : 11 %
Básico - 3º ciclo : 14 %
Básico - 2º ciclo : 16 %
Sem escolaridade : 19 %
Básico - 1º ciclo : 34 %

Sem escolaridade   Básico - 1º ciclo   Básico - 2º ciclo   Básico - 3º ciclo
Secundário e pós-secundário   Superior

Ilustração 4: População residente, 15 e mais anos: por nível de escolaridade completo mais elevado, 1998 (gráfico do autor).

Níveis de escolaridade

Por data

Superior : 12 %

Sem escolaridade : 10 %

Secundário e pós-secundário : 16 %

Básico - 1º ciclo : 28 %

Básico - 3º ciclo : 20 %

Básico - 2º ciclo : 14 %

■ Sem escolaridade ■ Básico - 1º ciclo ■ Básico - 2º ciclo ■ Básico - 3º ciclo
■ Secundário e pós-secundário ■ Superior

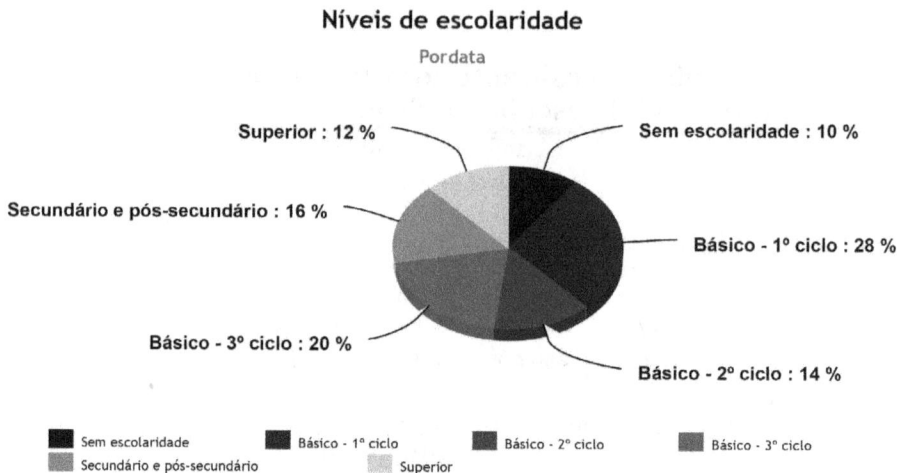

Ilustração 5: População residente, 15 e mais anos: por nível de escolaridade completo mais elevado, 2010 (gráfico do autor).

Relativamente aos dados do Pordata, e ainda que tenha havido um diferencial bastante positivo entre 1998 e 2010, com especial incidência para o aumento substancial de licenciados e pós-graduados e uma redução considerável dos indivíduos sem escolaridade, verificamos, em 2010, ao somarmos as percentagens dos níveis académicos desde "sem nível de escolaridade" até ao "terceiro ciclo", que estas perfazem 72% da população acima dos 15 anos de idade.

A colação de todos estes resultados[19] permitem-nos chegar a uma conclusão relativamente à literacia média dos recetores de textos técnicos em Portugal.

Primeiramente, o facto de que 72% da população possui um nível de leitura igual ou abaixo do 9º ano de escolaridade (o terceiro ciclo do ensino básico) — na verdade, muito abaixo desse ano de ensino, se atentarmos nas especificidades de cada grupo da população.

Por outro lado, é por demais evidente que o conhecimento dos níveis de literacia e escolaridade do público-alvo se afigura fun-

---

[19] Se 72% da população acima dos 15 anos de idade tem até ao terceiro ciclo de escolaridade, isso significará que o nível médio de leitura — de acordo com muitos outros estudos internacionais existentes, incluindo os da OCDE (OCDE-PISA) — será certamente abaixo desse nível de escolaridade; por exemplo, nos EUA, a capacidade de leitura de cerca de 50% dos adultos é pouco acima do sétimo ano de escolaridade (The Literacy Company).

damental para os autores de materiais de escrita técnica bem como para todos os intervenientes no processo da transposição linguística da documentação, incluindo gestores de projeto, tradutores e terminólogos.

Assim, a transmissão de conhecimento e de informação requer uma estruturação e uma organização que vão de encontro ao perfil do recetor (Rowley & Farrow, 2004: 10):

> *All knowledge has a structure. At the individual cognitive level, the brain holds associations between specific concepts. Structure is important to understanding. This cognitive structure is reflected in the way in which individuals' structure information in their communications in the form of verbal utterances, text and graphical representations. [...] The two important features of this structure are:*
> *— the way in which items are grouped into categories*
> *— the relationships between these categories.*

Reiteramos, então, que os textos devem ser adaptados às características dos leitores / recetores, e não o contrário. A elaboração textual deve recorrer a construções que o recetor espera encontrar, especialmente quando sabemos que os recetores de textos técnicos têm uma estratégia de realizar o mínimo esforço ao efetuar a leitura de um texto.

Laubach e Koschnick (1977:5), especialistas em inteligibilidade textual e fórmulas de medição de inteligibilidade em inglês, corroboram esta visão:

> *1. The readability of a piece of writing refers to qualities that make it easy or hard for a person with a certain level of reading skill.*
> *2. You practice the act of readability when you identify and measure some of those qualities to help you match the writing to the reader. Of course, you must know the reader's level of skill.*

De forma geral, as estratégias de leitura constituem-se como formas individuais de ultrapassar as dificuldades encontradas na leitura (Talebi, 2007: 2):

> [...] *reading is a problem-solving activity.* [...] *that is the reader in order to read efficiently, employs a range of strategies including skimming ahead, considering titles, headings, pictures and text information, anticipating information to come, and so on.*

Convém sublinhar que esta noção é partilhada por Araújo (1987):

> *A investigação comprova que a leitura só é incidentalmente visual. O leitor contribui com mais informação do que o material impresso. Isto quer significar que os leitores compreendem o que lêem porque são capazes de levar os estímulos para além da representação gráfica e fazer a sua ligação a um conjunto apropriado de conceitos já armazenados na sua memória.*

Assim sendo, a leitura é um processo complexo que envolve muitas estratégias de abordagem de um texto, muito para além de soletrar palavras ou percorrer sequências de palavras. Na verdade, a leitura é um processo multitarefa:

> *Reading is a selective process. It involves partial use of available minimal language cues selected from perceptual input on the basis of the reader's expectation. As this partial information is processed, tentative decisions are made to be confirmed, rejected, or refined as reading progresses.*
> [...] *Efficient reading does not result from precise perception and identification of all elements, but from skill in selecting the fewest, most productive cues necessary to produce guesses which are right the first time* (Goodman, [s.d.]: 2).
> *Readers utilize* [...] *three kinds of information simultaneously. Certainly, without graphic input there would be no reading. But, the reader uses syntactic and semantic information as well. He predicts and anticipates on the basis of this information, sampling from the print just enough to confirm his guess of what's coming, to cue more semantic and syntactic information. Redundancy and sequential constraints in language, which the reader reacts to, make this prediction possible. Even the blurred and shadowy images he picks up in the peripheral area of his visual field may help to trigger or confirm guesses* (Goodman, [s.d.]: 7).

Porém, este processo de leitura motivada e empreendedora precisa necessariamente de motivação e empreendedorismo na ação de ler. E isso é algo que não acontece facilmente na leitura de textos técnicos. Na verdade, é exatamente o contrário. Como sustenta Dubay (2008:1):

> Unless we are highly motivated, we just give up reading, not even reflecting what just happened. The problem that the text should have solved we take elsewhere. The difficult text lies unread. We have been victims of a literacy gap.

Esta desmotivação para a leitura aumenta à medida que o nível de literacia diminui. Quanto menor for a capacidade de leitura do recetor, menor será a sua vontade e motivação em interpretar / descodificar textos que possa considerar complicados.

De uma maneira geral, estes problemas de inteligibilidade não constituiriam um problema de maior — para além do facto de um recetor não ter a oportunidade de ler um texto de que eventualmente necessitaria para realizar uma tarefa.

Contudo, tarefas mal-entendidas através de más instruções podem pôr em risco a vida dos recetores ou de outrem, como por exemplo a montagem de um assento de segurança para crianças, a forma de operar uma máquina, ou a condução de um veículo profissional com características especiais, como, por exemplo, um trator.
Ao lermos um estudo de caso referido por Dubay, acerca de problemas com a adequação de escrita e acessibilidade de manuais (DuBay, The Principles of Readability, 2004: 1), é notório que a má compreensão das instruções de montagem de um texto aparentemente tão inócuo como o de um assento de segurança para crianças pode ter efeitos catastróficos na vida das pessoas. A falta de inteligibilidade de um texto não é concebível quando põe em risco a segurança dos utilizadores de produtos ou serviços.

O facto é que é possível que os utilizadores de um produto possam utilizá-lo mal devido à má compreensão do seu manual técnico ou, pior ainda, por desistirem da sua leitura por falta de adequação do texto à sua literacia. Mais uma vez, a responsabilidade recai sobre os autores dos textos técnicos e, por consequência, sobre todos os linguistas intervenientes (se os houver) na transmissão desse texto aos seus recetores.

Como verificámos anteriormente, o nível de literacia em Portugal não se revelou sobremaneira elevado. É do conhecimento geral que ocorrem inúmeros acidentes em Portugal devido ao não cumprimento de medidas de segurança ou de má utilização de equipamentos. Quantos desses acidentes são causados por negligência ou incapacidade de ler um texto técnico, nomeadamente, um manual de instruções ou um guia de utilizador? É um estudo que está por fazer e que poderia esclarecer se muitos dos problemas existentes em Portugal ao nível da segurança, decorrem da falta de inteligibilidade.

Contudo, é importante salientar que a fraca inteligibilidade de um texto, desajustado da sua missão informativa e comunicativa, pode — e fá-lo comummente — pôr em risco a vida humana, quer do recetor, quer dos que o rodeiam.

Mas esta falta de inteligibilidade não se reporta exclusivamente a manuais técnicos. No âmbito empresarial — qualquer que seja o meio de comunicação e o género utilizados — a situação é igualmente preocupante. O mesmo se pode dizer do discurso político, legislativo, e inúmeros outros. A acessibilidade linguística é, pois, uma problemática que envolve

- processos cognitivo-comportamentais,
- direitos democráticos e de cidadania,
- desempenhos profissionais,
- comunicação empresarial,
- processos técnicos e industriais.

A excessiva espessura linguística – eivada de gírias profissionais e jargão absurdo — é um impedimento à boa comunicação e ao desinteresse de muitos pela coisa pública ou pelos serviços de muitas empresas, públicas ou privadas, resultando num desperdício de tempo e de dinheiro.

Vejam-se os seguintes exemplos, tão elucidativos do problema que apresentamos:

A [..., empresa de] formação & consultadoria, nasceu da sólida e experimentada afinidade humana e de uma forte motivação, o desejo de juntar os saberes à ousadia e ao querer vencer e criar valor ([empresa de formação e consultoria], 2012).

Aqui está um excelente exemplo de um texto empresarial que não está eficazmente construído, em parte devido à excessiva coordenação e adjetivação, e em parte devido à aparente falta de objetividade da mensagem. Em suma, este texto é um aglomerado de frases feitas e expressões que em nada clarificam a entidade em apreço.

Miguel Gaspar, então Editor-executivo do jornal Diário de Notícias (hoje Diretor-adjunto do jornal Público), pronunciou-se acerca da necessidade de uma completa transparência no exercício do jornalismo:

> *Uma regra básica do jornalismo ensina que nunca num texto devemos colocar uma palavra incompreensível para um leitor sem explicar o respectivo significado. Ainda que nem sempre respeitada, essa norma implica uma dimensão estruturalmente democrática do jornalismo. Durante séculos, a comunicação pública entre humanos assentou, paradoxalmente, na incompreensão: o vulgo era obrigado a assistir à missa numa língua que não entendia, o latim.*
>
> *[...] A verdade é esta: vivemos cercados por palavras inventadas não para mostrar algo mas sim para esconder algo. O vocabulário económico, por exemplo, é uma extraordinária montra desta newspeak [[20]] pós-orwelliana* (Gaspar, 2006).

Ao lermos Orwell (2008: 312-313), como observamos, corroborado por Gaspar, apercebemo-nos de que a excessiva utilização de jargões e de gírias destrói a comunicação, quer pela espessa verbosidade, quer pelo emaranhado sintático que estes criam. Escondem a verdade e confundem o leitor que procura a claridade num texto que o devia servir.

Por tudo isto importa definir as características estruturais de um texto técnico — e em última análise, de um qualquer texto cujo

---

[20] A *newspeak* foi uma língua ficcional inventada pelo escritor George Orwell no seu romance *Nineteen Eighty-four*, e que representa a opressão do homem por um poder totalitário através de uma forma de niilismo linguístico que culminaria com a destruição do próprio pensamento.

escopo seja a comunicação de informação. Mais do que um exercício académico, é uma missão social.

Este trabalho de simplificação linguística teve o seu início, no que concerne à língua inglesa, desde 1948, com a publicação da primeira obra sobre a matéria, *Plain Words*, de Sir Ernest Gowers, a pedido do Tesouro da Coroa britânica. Desde então muitos outros trabalhos aprofundaram e aumentaram os estudos sobre o *Plain English*. Uma das instituições que mais tem contribuído para o desenvolvimento do *Plain English* é a BBC (Allen, 2003), empresa de comunicação social britânica que advoga fortemente a redução de jargões e gírias, e de estruturas sintáticas complexas, através da utilização de um inglês escorreito e simples:

> *Well written English is easier to understand than poorly written English.*
> *It is our job to communicate clearly and effectively, to be understood without difficulty, and to offer viewers and listeners an intelligent use of language which they can enjoy. Good writing is not a luxury; it is an obligation.*
> *Our use, or perceived misuse, of English produces a greater response from our audiences than anything else. It is in nobody's interest to confuse, annoy, dismay, alienate or exasperate them. The fact is that good English will offend no one and so serves our audiences better. The best journalists appreciate that writing well is not a tiresome duty but a necessity.*
> *Television is a medium of mass communication. When its practitioners can no longer use the English language properly they cease to communicate effectively and the whole thing becomes pointless.*

Refira-se, contudo, que em 2010, o Serviço de Publicações da União Europeia publicou uma brochura para simplificar a escrita de conteúdos em português. A brochura, intitulada *Redigir com clareza*, constitui-se como uma ferramenta de auxílio aos tradutores e autores de textos da Comissão Europeia (Comissão Europeia, 2010). Esta brochura procura dar algumas diretrizes em como otimizar a escrita, de acordo com os padrões do *Plain English* veiculados pelo pequeno livro de Martin Cutts, *The Oxford Guide to Plain English*.

A brochura da Comissão Europeia apresenta dez sugestões:

Sugestão 1: Pense antes de escrever
Sugestão 2: Dê prioridade ao leitor – seja direto e interessante
Sugestão 3: Organize o seu documento
Sugestão 4: Seja breve e claro
Sugestão 5: Seja coerente – organize as frases
Sugestão 6: Elimine os substantivos desnecessários – as formas verbais têm mais ação
Sugestão 7: Vá direto ao assunto, evite as abstrações
Sugestão 8: Não seja passivo, prefira a voz ativa — e diga quem faz o quê!
Sugestão 9: Fuja dos falsos amigos e evite o jargão e as siglas
Sugestão 10: Reveja e verifique

Este é, com efeito, um trabalho por demais valioso, sendo que, todavia, é necessário sensibilizar os autores de língua portuguesa para a necessidade de transformar o estilo deficiente da escrita existente que, efetivamente, não cumpre a sua missão comunicativa ao permitir que muitos milhões de pessoas acedam a textos confusos e, vezes até, ambíguos.

Este problema de inteligibilidade recorda-nos que o processo cognitivo inclui não só o conhecimento expositivo-descritivo, mas também o conhecimento exortativo-procedimental, que, como vimos no subcapítulo anterior, podemos considerar como o fulcro da escrita técnica.

O conhecimento expositivo-descritivo é o ramo do conhecimento que implica informação factual. É a parte do saber que descreve

- as coisas
- os eventos
- os processos
- os seus atributos
- e as relações entre todos eles

Por outro lado, o conhecimento exortativo-procedimental, co-mummente associado ao *know-how* (o saber-fazer), liga-se ao conhecimento descritivo enquanto forma do saber executar e do saber operar coisas, eventos e processos.

Tidwell (2000: 1-2), numa obra publicada pela *American Society of Civil Engineers*, reitera esta necessidade de textos bem estruturados e construídos de forma a responder às necessidades tecnológicas de hoje:

> [...] *today, high-technology demands accurate, comprehensive, and more easily understood O&M* [Operations & Maintenance] *manuals.* [...] *While not all facilities are high-tech, most require definitive manuals that cover start-up, shutdown, and emergency operations, at a minimum* [...]. *Instrumentation and control systems alone can require extensive operation, maintenance, and troubleshooting documentation. Many facilities also require detailed supplemental information about various operation and maintenance techniques, sampling procedures, laboratory procedures, etc..*
>
> *A clear and concise manual benefits the staff that maintains and operates the equipment. Information affecting the efficient operation and maintenance of the equipment must be included, but not using over-technical jargon.* [...] *an O&M manual should be written at the level of the staff involved in the day-to-day operations and maintenance of the facility.*

É por tudo isto que é fundamental compreender que o estilo — isto é, por palavras de Lindley Cintra, o vasto repertório de meios de expressão que temos à nossa escolha — possa ser adequado às necessidades e limitações dos nossos recetores. Só assim todos nós, autores, linguistas, tradutores e terminólogos, poderemos levar a cabo a missão comunicativa. Como diriam os nossos amigos anglófonos, *one size doesn't fit all*!

4. Desmistificar o texto técnico enquanto comunicação sem estilo

Pensar que um texto técnico é desprovido de estilo é ignorar o próprio conceito de "estilo" em escrita.

Jody Byrne (2006: 4-5) opõe-se adequadamente a quem advoga que "o estilo não interessa em tradução técnica":

> *If we look at style from a literary point of view, then it does not have any place in technical translation. But if we regard style as the way we write things, the words we choose and the way we construct sentences, then style is equally, if not more, important in technical translation than in other areas because it is there for a reason, not simply for artistic or entertainment reasons. As Korning Zethsen (1999:72) asserts, literary texts "do not hold a monopoly on expressivity and creativity.*
>
> *In many cases, the importance or even existence of style in technical texts goes completely unacknowledged, due largely to the belief that because technical language is functional, it must be "plain" and stripped of any form of style or linguistic identity.*

Ora como demonstrámos no capítulo anterior, o estilo é inerente aos diferentes tipos de comunicação, dependendo do contexto comunicativo. Ou seja, o estilo é transversal à própria comunicação. Logo, podemos ver que o postulado de que o estilo está confinado à literatura não tem cabimento, especialmente se levarmos em linha de conta o vasto universo da comunicação escrita.

Comunicar através da escrita não tem apenas a ver com escrever obras ficcionais ou ganhar prémios literários; assim como conduzir um automóvel em segurança não tem a ver com ganhar o Grande Prémio do Mónaco; nem pintar uma parede de uma casa tem a ver com o teto da Capela Sistina. Com efeito, comunicar não tem de ser um ato artístico, assim como a condução automóvel não tem de ser competitiva, ou uma parede pintada não tem de ser um fresco renascentista. Mas todas estas operações têm de ser realizadas com extrema correção.

Convém sublinhar que Zethsen (1998) confirma-nos isso mesmo ao postular, em 1998, que a sua tese nos apresenta provas da

> *intuitive impression that many technical texts, instead of being almost exclusively informative, are meant to serve a variety of communicative purposes and that a multitude of stylistic expressive means are applied in order to get the intended messages through in the most effective way.*

Do mesmo modo, um ato comunicativo escrito não tem necessariamente de requerer esforço interpretativo nem polissemia terminológica que possa afetar a segurança e a eficácia dos cidadãos. Nenhuma destas estratégias comunicativas de simplificação estrutural ganhará seguramente um *Pulitzer* ou um Nobel, mas poderá salvar uma vida, otimizar um ciclo produtivo, ou poupar tempo precioso a uma dada operação.

Registe-se que Tarutz (1992: 22) corrobora precisamente a nossa afirmação ao declarar que

> *technical writing explains technical concepts, describes processes, defines technical terminology, gives diagnostic information, instructs how to use a product, tells how to perform a task, and provides reference information.*

Efetivamente, um texto técnico é funcional; deve ser prático e de fácil leitura, quer seja expositivo-descritivo ou exortativo-procedimental. Deverá deter-se no concretismo substantivo e não na subjetividade adjetiva. Um tal texto é útil, e, portanto, deve possuir uma estrutura

- clara e monossémica — porque a clareza e a monossemia são fundamentais para a coerência, coesão e evidência de um qualquer texto técnico;
- fluida e simples — por exemplo, ao nível da sintaxe; porque fluidez e simplicidade sintáticas são atributos de um texto acessível a públicos-alvo de baixa literacia;
- célere na leitura e breve na extensão — uma vez que celeridade e brevidade facilitam a leitura de manuais técnicos e outras "ferramentas" escritas que cumpram a sua missão

utilitária; materiais escritos há que fazem depender a sua eficácia da simplicidade da sua sintaxe ou da extensão das suas frases.

Se outros haverá, estes serão, contudo, os traços mais marcantes dos textos técnicos, que formam assim uma escrita simples, facilmente inteligível e acessível ao seu público-alvo.
Todos os intervenientes na feitura de materiais técnicos deverão ter em conta os seguintes traços:

- o público alvo e as suas especificidades;
- os autores, na forma de criação dos textos;
- os tradutores, na adaptação dos textos da cultura de partida para a de chegada;
- os terminólogos, na criação de termos que respeitem o público a que se destinam;
- e os gestores de projeto, que ao gerirem os materiais e os recursos humanos de tradução, compreendam as subtilezas dos materiais de que são responsáveis.

Bibliografia

[empresa de formação e consultoria]. (2012). Quem somos. Obtido em 22 de outubro de 2011, de Qvo Legis: http://bit.ly/LB8zLl

Allen, J. (Março de 2003). The New BBC News Styleguide.

Araújo, M. d. (1987). Leitura um modelo teórico e (algumas) propostas de uma prática consistente. Obtido em 24 de setembro de 2011, de Instituto Politécnico de Viseu: http://www.ipv.pt/millenium/arq8_1.htm

Bailly, M. A. (1930). Dictionnaire Grec-Français. Paris: Librairie Hachette.

Byrne, J. (2006). Technical Translation: Usability Strategies for Translating Technical Documentation. Dordrecht: Springer.

Caramazza. Alfonso., and Shelton. Jennifer. (1998). Domain-Specific Knowledge Systems in the Brain: The Animate-Inanimate Distinction. Journal of Cognitive Neuroscience 10:1, pp. 1–34. Volume 10, Number 1.

Comissão Europeia. (2010). Redigir com clareza. Bruxelas, Bélgica.

Contente, M. M. (2008). Terminocriatividade, Sinonimia e Equivalência Interlinguística em Medicina. Lisboa: Edições Colibri / Universidade Nova de Lisboa.

Correia, M., & Mineiro, A. (2004). Neologia de importação no português europeu: desafios e medidas a tomar. Actas do XX Encontro da Associação Portuguesa de Linguística (pp. 33-54). Lisboa: APL.

Cunha, C., & Cintra, L. (2005). Nova Gramática do Português Contemporâneo. Lisboa: Edições João Sá da Costa.

Damasio. A. (1994). Descartes' error: emotion, reason, and the human brain. New York: Avon Books.

Damasio. A. (2010) Self comes to mind: constructing the conscious brain. New York: Pantheon Books.

Dalgleish. Tim., and Power. Mick. (eds.). (1999). Handbook of Cognition and Emotion. Chichester, UK: John Wiley & Sons

DeGeorge, J. (1984). Style and Readability in Technical Writing. New York: Random House.

DuBay, W. H. (2004). The Principles of Readability. Costa Mesa: Impact Information.

DuBay, W. H. (2008). Working with Plain Language: A Training Manual. Costa Mesa: Impact Information.

Durão, M. d. (2007). Tradução científica e técnica: Proposta para a Formação de Tradutores Pluricompetentes Especializados na Produção de Documentação Científica e Técnica do Inglês para o Português. Lisboa: Universidade Aberta.

Eco, U. (2005). Dizer quase a mesma coisa. Algés: Difel.

Fauconnier. G., e Turner. M. (2002). The way we think. New York: Basic Books.

Gamero Pérez, S. (2001). La traducción de textos técnicos. Barcelona: Editorial Ariel.

Gaspar, M. (4 de dezembro de 2006). E que tal descodificar? Obtido em 15 de outubro de 2011, de Diário de Notícias: http://bit.ly/L61X7X

Geeraerts. D., Dirven. R., e Taylor. J. (2006). Cognitive Linguistics: Basic Readings. Berlin: Mouton de Gruyter.

Gomes, M. d., Sebastião, J., Ávila, P., e Costa, A. F. (2000). Novas análises dos níveis de literacia em Portugal: comparações diacrónicas e internacionais. IV Congresso Português de Sociologia (p. Acta 104). Coimbra: Universidade de Coimbra.

Goodman, K. S. (1976). Reading: A Psycholinguistic Guessing Game. In Singer, R., & Ruddell, R.B. (Eds.), Theoretical Models and Processes of Reading. 2nd ed. (pp. 497- 508).

Infopédia - Porto Editora. (2012). Infopédia - Dicionário da Língua Portuguesa. Obtido em 8 de junho de 2012, de: http://www.infopedia.pt/lingua-portuguesa/

Instituto Nacional de Estatística. (2012). Portal do Instituto Nacional de Estatística. Obtido em 22 de maio de 2012, de ine.pt: www.ine.pt/ine_novidades/semin/cae/CAE_REV_3.pdf

Isidro Pereira, S. J. (1984). DIcionário Grego-Português e Português Grego. Porto: Livraria Apostolado da Imprensa.

Jakobson, R. (2003). Aspectos Linguísticos da Tradução. In R. Jakobson, Linguística e Comunicação (pp. 62-72). São Paulo: Cultrix.

Kovecses, Z. (2006). Language, Mind, and Culture: a Practical Introduction. New York: Oxford University Press.

Lakoff. G. (1990). Women, Fire, and Dangerous Things: What Categories Reveal about the Mind. Chicago: University of Chicago Press.

Langacker. R. (2013). Essentials of Cognitive Grammar. New York: Oxford University Press.

Laubach, R. S., e Koschnick, K. (1977). Using Readability, Formulas for Easy Adult Materials. Syracuse: New Readers Press.

Rosenberg. R., e Kosslyn. S. (2011). New York: Worth Publishers.

Rowley, J., e Farrow, J. (2004). Organizing Knowledge. Hampshire: Ashgate.

Saussure. F. (1995). Cours de linguistique générale. Paris: Editions Payot & Rivages.

Talebi, S. H. (2007). Strategic Reading in L1 and L2. Obtido em 3 de maio de 2012, de:
www.languageinindia.com/nov2007/talebi.pdf

Tarutz, J. (1992). Technical Editing: The Practical Guide for Editors and Writers. Reading: Perseus Books.

Taylor. J. (2010). Cognitive Grammar. Oxford: Oxford University Press.

The Literacy Company. (s.d.). education statistics. Obtido em 2 de junho, 2012, de:
http://www.readfaster.com/education_stats.asp

Tidwell, M. (2000). How to produce effective operations and maintenance manuals. Reston: American Society of Civil Engineers.

UNESCO. (2005). Nomenclatura internacional de UNESCO para los campos de Ciencia y Tecnología. Obtido em 27 de abril de 2012, de Revista Tecnura, articulos cientificos, revista cientifica: http://bit.ly/MCMgBa

Zethsen, K. K. (1998). Expressivity in Technical Texts from a Translation Theoretical Perspective. Hermes, Journal of Linguistics no 21, pp. 225-232.

Iolanda Ramos e Raquel Ribeiro
(FCSH/NOVA)   (FCSH/NOVA)

Perdidos e Achados na Tradução:
Pragmática e Inter/Transculturalidade

A presente análise foi inicialmente inspirada pela visualização do filme *Lost in Translation*, realizado por Sofia Coppola em 2003, cujo título se manteve em português, acrescido do subtítulo *O Amor é um Lugar Estranho*.[1] Sendo a tradução um *locus* propício a dificuldades linguísticas e culturais, torna-se possível refletir sobre questões de comunicação e de mediação em diferentes contextos linguísticos e situacionais, com o intuito de discutir alguns exemplos – tanto reais como de obras literárias e cinematográficas – de tradução da língua/cultura de partida para a língua/cultura de chegada e as opções tomadas pelo tradutor. Visa-se, deste modo, debater os domínios da tradução, da pragmática e da inter/transculturalidade no âmbito geral das Ciências Sociais e Humanas.

---

[1] O texto que aqui se apresenta constitui uma adaptação da dissertação de mestrado "A Tradução é um Lugar Estranho: Comunicação, Mediação e Pragmática Transcultural" (Ribeiro, 2013), integralmente revista, e à qual se acrescentou material inédito. A tradução de todos os excertos das obras citadas é da responsabilidade das autoras.

1. Cultura, tradução, comunicação e pragmática inter/transcultural

Em termos de análise linguística, a pragmática distingue-se da sintaxe, que se dedica à relação entre os signos, e da semântica, que se dedica à relação entre os signos e os objetos a que se referem, ao se dedicar à relação entre os signos e a utilização dos mesmos. Como refere Stephen C. Levinson (1983: 1), as obras de Charles Peirce e de Charles Morris foram determinantes quanto à importância conferida aos elementos extralinguísticos e sociolinguísticos que fazem parte da componente verbal.

Por esse motivo, George Yule (1996: 4) sublinha o fator humano presente na análise pragmática e define-a como o estudo da ligação existente entre as formas linguísticas e os utilizadores dessas mesmas formas. Com efeito, a análise do significado implícito daquilo que é dito — num determinado contexto, e da forma como esse mesmo contexto pode condicionar o discurso — é mais importante do que as palavras e as frases por si só. Para além do significado contextual, a pragmática ocupa-se também do estudo daquilo que é dito pelo falante, do significado oculto daquilo que é dito e da proximidade ou da distância entre emissores e recetores da mensagem (Yule 1996: 3).

Assim sendo, pode afirmar-se que a pragmática se centra na análise da forma como a linguagem é utilizada, quando inserida num determinado contexto, em situações reais do quotidiano. A tónica da pragmática está colocada no utilizador, não estando o seu espectro de ação circunscrito à análise dos aspetos linguísticos, o que lhe confere um carácter interdisciplinar ao recorrer a outras áreas, tais como a filosofia, a sociologia da linguagem e a psicologia. À medida que a investigação nesta matéria se foi desenvolvendo, a pragmática entre culturas e em diferentes culturas começou a ser analisada com base em vertentes distintas, entre as quais se destacam a contrastiva e a transcultural.

Tal como afirma Karin Aijmer (2011: 1), a pragmática contrastiva tem como objeto de estudo a utilização da língua em diferentes línguas. Contudo, a análise contrastiva assenta no pressuposto de que a ação linguística é universal e que os atos de fala operam segundo princípios universais. Desta forma, as estratégias empregues na realização de um ato de fala seriam um elemento comum a todas as línguas e a todas as culturas, num processo que conduziria a um falso universalismo (*misguided universalism*), segundo Anna Wierzbicka (1991: 69). No entanto, a noção de que a linguagem é condicionada pelas características de cada cultura começou a ganhar força e a abordagem contrastiva foi preterida em favor da abordagem transcultural (Barron, 2001: 23).

De acordo com James Simpson (2011: 307), a pragmática transcultural ocupa-se do estudo da realização de atos de fala, tais como solicitações de ordem vária ou pedidos de desculpa, em contextos culturais diversificados. Esta nova linha de investigação parte do princípio de que, em diferentes culturas e sociedades, é possível encontrar diferenças na forma como as pessoas se expressam, o que reflete a existência de uma hierarquia de valores culturais (Wierzbicka, 1991: 69). Além disso, como afirma Yan Huang (2007: 119),

> *grande parte dos atos de fala revelam especificidades culturais, principalmente quando são proferidos em situações institucionais e em cerimónias públicas, visto que seguem padrões pré-determinados e utilizam fórmulas estereotipadas. Devido ao seu carácter específico, certos atos de fala só existem e só fazem sentido no seio de uma determinada cultura, pelo que se torna difícil encontrar um acto de fala equivalente num outro contexto sociocultural. As diferenças são especialmente percetíveis em actos de fala que dizem respeito a pedidos, queixas e desculpas, sendo geralmente originadas pelo facto de as línguas apresentarem diferentes mecanismos de realização destes atos de fala* (Huang, 2007: 124-125).

As variantes nos atos de fala irão obviamente repercutir-se a nível da comunicação e da pragmática transcultural. O trabalho nesta área tem-se assim centrado na análise das diferenças existentes a nível comunicativo, tendo em conta fatores como linguagem direta ou indireta, solidariedade, espontaneidade, harmonia social, cordialidade, autoafirmação, intimidade e autoexpressão, entre outros (Trosborg, 1994: 47). Cliff Goddard e Anna Wierzbicka (1995: 39-41), por seu turno, acreditam que para se poder estabelecer uma comparação entre culturas devem ser tidos em conta conceitos que são comuns às diferentes culturas, ou seja, que são universais, o que evita centrarmo-nos apenas em conceitos que só dizem respeito à nossa própria cultura.

No entanto, o processo pragmático pode ficar comprometido a vários níveis. Para Jenny Thomas (1983: 91), a falha pragmática (*pragmatic failure*) ocorre quando se verifica uma incapacidade de se compreender o que se quer dizer através do que é dito. Esta autora distingue assim dois tipos de perturbações que podem ocorrer a nível pragmático: falha pragmalinguística (*pragmalinguistic failure*), que se caracteriza pela utilização de uma função pragmática diferente daquela normalmente utilizada pelos falantes nativos, e falha sociopragmática (*sociopragmatic failure*), que é causada pela existência de perceções erradas, por parte do falante, do que constitui um comportamento linguístico adequado. Importa realçar que entre a falha pragmalinguística e a falha sociopragmática existe uma relação de interdependência visto que, muitas vezes, se condicionam mutuamente. As falhas sociopragmáticas refletem-se, consequentemente, a nível da pragmalinguística, sendo difícil estabelecer uma distinção entre estes dois campos (cf. Hudson, Detmer e Brown, 1992: 7).

Jenny Thomas salienta também que a sua escolha pela expressão "falha pragmática" em vez de "erro pragmático" (*pragmatic error*) foi deliberada, pois a gramática pode ser avaliada de acordo com normas prescritivas, ao passo que a nível pragmático estas normas não são aplicáveis. Em termos pragmáticos pode apenas afirmar-se que o objetivo do falante não foi cumprido, e não que ocorreu um erro (1983: 97). Identificar e minimizar as falhas pragmáticas constitui um pré-requisito essencial para o sucesso da comunicação entre culturas.

Brown e Levinson (1987: 76-84) defendem que existem três parâmetros principais que devem ser utilizados para avaliar o sucesso de um ato de fala: poder relativo (*relative power*), distância social (*social distance*) e grau de imposição (*ranking of imposition*). O poder relativo diz respeito à posição que o falante ocupa em relação ao ouvinte; a distância social está relacionada com a proximidade ou afastamento que existe entre o falante e o ouvinte; o grau de imposição, tal como o próprio nome indica, está associado ao nível de imposição de um ato de fala, numa determinada cultura.

Um campo igualmente importante para a comunicação intercultural é o da pragmática não-verbal. Esta área de estudo e de investigação ocupa-se da análise das expressões faciais, postura corporal, gestos e prosódia, que são utilizados para clarificar a intenção da comunicação verbal e não-verbal (cf. Herbert, 2005: 126; Wharton, 2009: 139).

Pelo que foi dito, facilmente se compreende o modo como a prática tradutória se relaciona com o objeto de estudo da pragmática. Com efeito, a tradução não se ocupa apenas de palavras e estas não existem num vazio. Muitas vezes, um mesmo termo apresenta diferentes significados e conotações muito distintas, consoante o contexto sociocultural em que é utilizado, tal como foi demonstrado por teóricos como Chen Hongwei, Peter Newmark, Gideon Toury, Lawrence Venuti e Mary Snell-Hornby.

Chen Hongwei (1999: 122) acredita que a língua confere vida à cultura e que esta constitui o caminho no qual a língua se constrói e evolui. Para ele, a língua é um espelho de outros elementos da cultura e, simultaneamente, um mecanismo de desenvolvimento da mesma. Quanto mais uma língua for marcada culturalmente, mais complexo se torna o processo de tradução. Esta ideia é reforçada por Peter Newmark (1988: 95) ao assegurar que, quanto mais específica for uma língua em relação a fenómenos naturais relacionados com a flora e a fauna, por exemplo, mais se encontra condicionada por traços culturais, provocando, consequentemente, um maior número de problemas tradutórios.

Para Gideon Toury (1995: 56), por seu turno, a prática tradutória é uma atividade que envolve sempre duas línguas e duas tradições culturais, pelo menos. É notório que a tradução se ocupa não só dos aspetos linguísticos, mas também dos aspetos culturais que se refletem a nível textual. Lawrence Venuti (1995: 18) vai mais longe e defende que a tradução é a substituição forçada das diferenças linguísticas e culturais do texto de partida por um texto que seja acessível ao leitor na língua de chegada. Com esta definição de tradução reforça-se a ideia de que, para que o texto possa ser compreendido e apreendido pelo público-leitor, os elementos culturais não podem ser esquecidos pelo tradutor.

Na sequência das opiniões apresentadas, Mary Snell-Hornby (1995: 39) encara a língua como uma parte integrante da cultura, na medida em que aquela é uma forma de expressão desta e da individualidade de cada indivíduo. A potencialidade que um texto apresenta para ser traduzido depende assim de quão ligado ele está à cultura que o acolhe, e qual a distância que existe entre o contexto cultural de partida e o contexto cultural de chegada.

Estas teorias têm em comum o facto de percecionarem a língua como um elemento relevante da cultura, destacando a relação dupla e recíproca entre as duas: a língua representa uma especificidade cultural, transmitindo a forma como os indivíduos de um determinado contexto veem o mundo, e ao mesmo tempo atua sobre a cultura, inovando-a e renovando-a continuamente. Assim, ao realizar-se uma tradução, é necessário ter em conta os contextos culturais de partida e de chegada, e o tradutor tem de funcionar como um mediador entre dois mundos.

A questão da equivalência tem sido, por esse motivo, objeto de inúmeras reflexões. Eugene Nida (2000: 129) defende que existem fundamentalmente dois tipos de equivalência: a equivalência formal, que centra a sua atenção na mensagem, no que diz respeito à forma e conteúdo da mesma, e a equivalência dinâmica, em que se pretende alcançar uma total naturalidade de expressão, de forma a produzir uma tradução adaptada ao contexto sociocultural do novo público de chegada. Para Albrecht Neubert, a equivalência em tradução deve ser considerada uma categoria semiótica, apresentando uma vertente semântica, sintática e pragmática. Na verdade, a vertente semântica tem prevalência sobre a vertente sintática, mas estão ambas condicionadas pela vertente pragmática (cit. Bassnett, 2002: 35). As palavras de Jerý Levý (2000: 156) esclarecem a ligação entre os diversos conceitos:

> Como sucede em todos os processos semióticos, também a tradução possui uma DIMENSÃO PRAGMÁTICA. [...] A teoria da tradução tende a ser normativa, a instruir os tradutores no sentido da solução IDEAL; o trabalho prático de tradução é, contu-

do, pragmático; de entre as soluções possíveis, o tradutor opta
pela que promete o máximo de efeito com o mínimo de esforço.
Por outras palavras, opta intuitivamente pela chamada ES-
TRATÉGIA MINIMAX.[2]

Como se pode verificar, é possível encontrar pontos em comum
entre a pragmática transcultural e a tradução. Ambas almejam
alcançar uma equivalência comunicativa, na qual a cultura constitui um fator condicionante, e ambas procuram desvendar o significado implícito daquilo que é dito ou escrito.

Para a pragmática, mais do que as frases, é essencial encontrar o
sentido oculto contido nelas, ou seja, descobrir o que determinada
pessoa queria dizer num determinado contexto e a forma como
esse contexto teve algum peso no que foi dito. Tal como afirma
Basil Hatim (2009: 205), a equivalência em tradução alcança-se
com a (re)produção bem-sucedida de atos de fala, no tocante aos
modelos de tradução orientados para a pragmática. O tradutor
tenta assim reproduzir os atos locutórios e ilocutórios presentes no
texto de partida para alcançar a mesma força perlocutória na língua de chegada. Muitas vezes é também útil que o tradutor conheça a obra do autor que está a traduzir e o contexto sociocultural em
que a obra foi produzida, para ter a capacidade de captar a intencionalidade presente no texto original.

Em suma, tanto a tradução como a pragmática transcultural não
só necessitam de diferentes realidades como encontram vantagens
no reconhecimento das diferenças entre culturas. Verifica-se
igualmente que as dificuldades pragmáticas, apesar de serem ex-
tratextuais, condicionam as estratégias adotadas pelo tradutor,
tendo em conta que a função da tradução orienta as opções do
mesmo. Pode assim afirmar-se que tanto a prática da tradução
como a pragmática transcultural são formas de mediação cultural
visto que ambas têm como objetivo garantir o sucesso dos processos comunicativos, atendendo aos aspetos específicos das culturas
com que estão a lidar. Ambas têm a preocupação de ajustar o dis-

---

[2] As maiúsculas encontram-se no original. A referida estratégia constitui uma das
bases da Teoria dos Jogos e pode ser também aplicada à legendagem (Preta,
2009: 29-30).

curso (oral ou escrito) ao público e ao contexto situacional em que ocorre o processo comunicativo.

Além disso, num mundo em que o processo de globalização se torna cada vez mais visível, o contacto entre indivíduos de diferentes culturas é praticamente inevitável. A emigração e a imigração, os casamentos biculturais e, principalmente, os meios de comunicação de massas, com especial destaque para a Internet, são exemplos de fenómenos que estreitaram a ligação entre os diferentes povos, tornando próximo o que é distante e familiar o que é desconhecido. Na verdade, a comunicação intercultural corresponde a uma consequência lógica de todo este processo. É possível afirmar que a comunicação intercultural ocorre quando um membro de uma cultura produz uma mensagem para consumo por parte de um membro de outra cultura (Samovar, Porter e McDaniel, 2010: 8). Adrian Holliday vai mais longe, afirmando que toda a comunicação é intercultural (2004: xv).

Um dos fatores que afeta substancialmente a comunicação interpessoal é a noção de identidade, que pode ser definida como a autoconceção ou a autoimagem proveniente do nosso processo de socialização individual face à família, género, etnia e cultura (Gudykunst, 2005: 211). Tomando como base esta definição, torna-se visível que a interação, quer com indivíduos da mesma cultura, quer com membros de uma cultura diferente, representa uma peça-chave na criação da identidade. Aliás, à comunicação interpessoal interessa analisar o modo como a identidade condiciona o papel atribuído a cada um dos elementos de uma sociedade, que serve como um elemento regulador dos atos comunicativos (cf. Samovar, Porter e McDaniel, 2010: 153, 154).

Como afirma Claire Kramsch (2010: 65), existe uma clara ligação entre a língua utilizada por um grupo e a identidade do mesmo, visto que através do sotaque, do vocabulário e dos padrões discursivos, os falantes se identificam e são identificados como membros desta ou daquela comunidade linguística. Da mesma forma, a cultura condiciona a opinião que cada indivíduo tem do Outro, da sua cultura e da sua língua.

Daí que, para além da noção de identidade, existam dois conceitos que são elementos-chave para a análise do processo de comunicação intercultural: a alteridade (*Otherization*) e a representação (*Representation*). O primeiro é utilizado para descrever o processo de construir autoidentidade como fruto da atribuição de características, muitas vezes negativas, ao Outro, ao passo que o segundo diz respeito à forma como a cultura é comunicada na sociedade, através dos *media*, dos discursos profissionais e da linguagem quotidiana (cf. Holliday, 2004: 180, xv).

Obviamente, a tradução é um elemento essencial num contexto global e cada vez mais caracterizado pela multiculturalidade. Como salienta Harald Kittel (1998: 3), a tradução permite o intercâmbio interlinguístico e o contacto intercultural, fomentando a comunicação e tendo desempenhado, ao longo dos séculos, um significativo papel na história cultural de muitas nações. Esta ideia é reforçada por Anthony Pym (1992: 169, 26) ao defender que, do ponto de vista dos tradutores, o objetivo principal da tradução é incentivar as relações interculturais, sem esquecer transferências e aspetos que separam as culturas em causa.

Assim sendo, todo o processo comunicativo acarreta vários desafios por parte dos agentes que nele participam. No entanto, estes mesmos desafios aumentam exponencialmente quando o ato comunicativo ocorre entre duas culturas diferentes, cada uma delas com características e particularidades distintas.

Tal como afirma Tracy Novinger (2001: 27), o processo de comunicação intercultural depende do empenho e da disponibilidade demonstrado pelos intervenientes, de forma a encontrarem um sentido comum (*shared meaning*) que facilite e torne possível a existência de comunicação. Contudo, quando não é possível estabelecer um compromisso entre os participantes – por exemplo, se um dos intervenientes apresentar uma perspetiva ou opinião pouco abonatória ou menos satisfatória em relação a uma determinada cultura ou determinado grupo – o processo comunicativo pode ficar comprometido.

Novinger explica que a cultura está dependente de duas categorias, que são a perceção (*perception*) e o comportamento (*behavior*), dividindo-se estes em processos verbais e não-verbais. Estas categorias são interdependentes, sendo que qualquer perturbação numa delas irá afetar todas as outras. A perceção está relacionada com o processo interno através do qual o ser humano seleciona, avalia e organiza os estímulos do mundo exterior, sendo afetada por ideias pré-concebidas, expressas através de preconceitos e estereótipos que prejudicam a comunicação entre culturas.

Existe, por conseguinte, uma série de elementos não só linguísticos, mas também paralinguísticos que podem dificultar e até mesmo inviabilizar a comunicação entre indivíduos que apresentem contextos culturais distintos. É impossível não reconhecer que a cultura está presente em todas as áreas que fazem parte do nosso quotidiano, constituindo assim um elemento modelador da realidade que nos rodeia.

Importa notar que todos estes aspetos que podem influenciar, positiva ou negativamente, a comunicação inter/transcultural são também decisivos para o processo tradutório, visto que a tradução é por si só uma forma de comunicação entre pessoas e entre culturas.

Segundo Juliane House (1997: 29), a tradução é constituída por uma relação dupla (a 'double biding' relationship) que a une quer à fonte, quer às condições comunicacionais da língua/cultura de chegada. Conhecer os fatores que facilitam ou inviabilizam a comunicação é um elemento essencial para uma boa tradução, visto que as dificuldades a nível comunicativo se refletem a nível tradutório.

No contexto dos estudos da linguagem, a cultura é considerada uma prática social que valoriza a linguagem como meio de comunicação entre os seres humanos. Ao refletir sobre o conceito de cultura, Claire Kramsch (2010: 127) identifica-o com uma comunidade linguística que partilha uma história e um lugar social, bem como um sistema comum de padrões de perceção, crenças, normas e ações. A língua é parte integrante da cultura e reúne características próprias de cada cultura, constituindo uma representação da mesma. A língua é uma expressão da cultura, pelo que esta pode ser definida como um modo de vida e suas respetivas manifestações, peculiares a uma comunidade que utiliza uma determinada linguagem como meio de expressão (Newmark, 1988: 94).

Cada comunidade apresenta características específicas e particulares a nível dos costumes, regras, hábitos e normas, o que leva a que estes elementos sejam expressos de diferentes maneiras, mediante a cultura em questão. Este é, por conseguinte, um aspeto que os tradutores devem ter em conta durante a prática tradutória, como sustenta Juliane House (2009: 11):

> A tradução não é um mero ato linguístico, é também um ato cultural, um ato de comunicação transversal a diversas culturas. A tradução envolve sempre tanto a linguagem como a cultura, simplesmente porque estas não podem ser separadas. A linguagem está enraizada culturalmente: não só expressa mas também molda a realidade cultural, e os significados de itens linguísticos, sejam eles palavras ou segmentos mais extensos de texto, só podem ser apreendidos se forem tomados em conjunto com o contexto cultural em que são utilizados.

Os tradutores são constantemente confrontados com problemas causados pelos aspetos de índole cultural presentes no texto de partida e esforçam-se constantemente por encontrar o método mais adequado para os transmitir no texto de chegada pois, como observa Nida (2000: 130), as diferenças entre culturas podem causar complicações mais severas ao tradutor do que as diferenças na estrutura linguística.

Como defende Venuti (1998: 67), da mesma forma que a cultura actua sobre a tradução, também a tradução pode ter uma forte influência na cultura:

> A tradução exerce um enorme poder ao construir representações de culturas estranhantes. A selecção de textos e o desenvolvimento de estratégias tradutórias pode estabelecer cânones [...] que revelam exclusões e admissões, centros e periferias que se desviam dos habituais na língua estrangeira.

A prática da tradução pode ser particularmente útil se estivermos perante uma cultura estranhante (*foreign culture*) considerada periférica, pois constitui uma forma de enriquecimento da mesma, ao torná-la mais permeável a influências exteriores. Por esse motivo, é oportuno relembrar um pouco da história dos Estudos de Tradução e dos Estudos de Cultura, que convergiram em temáticas de interesse comum.

Apesar de existirem obras mais recentes que se dedicam ao estudo da forma como estas duas disciplinas evoluíram ao longo do tempo (Munday, 2006: 126-143), o capítulo "The Translation Turn in Cultural Studies", que está presente em *Constructing Cultures – Essays on Literary Translation*, de Susan Bassnett (1998), com coautoria de André Lefevere, continua a ser um texto incontornável para o estudo desta matéria. Susan Bassnett começa este artigo esclarecendo que, juntamente com Lefevere, deu a designação de "viragem cultural" (*cultural turn*) ao momento em que os Estudos de Tradução passam a entender o texto não como algo que existe no vazio, mas sim como algo que está inserido num determinado contexto cultural de partida e de chegada. Tal como afirma Jeremy Munday (2006: 126), Bassnett e Lefevere deixam de se centrar exclusivamente na linguagem e tentam analisar a forma como a cultura pode, por vezes, condicionar o processo tradutório.

Com efeito, o conceito de viragem cultural pode ser definido como uma metáfora utilizada pelos teóricos da área dos Estudos de Tradução, que se baseiam nos Estudos de Cultura para se referirem à análise da tradução no seu contexto cultural, político e ideológico (Hatim e Munday, 2004: 337).

Assim, a prática da tradução, juntamente com o estudo do processo tradutório, revelam-se úteis para se entender o modo como a manipulação textual ocorre, analisando aspectos como o motivo pelo qual um texto é escolhido para ser traduzido, qual o papel que o tradutor desempenha nessa escolha, o papel das editoras e patronos, quais os critérios que determinam as estratégias a serem adoptadas pelo tradutor e a forma como o texto será recebido no contexto de chegada.

Contudo, apesar do inegável contributo do *cultural turn* para o estabelecimento dos Estudos de Tradução enquanto disciplina autónoma, várias têm sido as tentativas para definir o conceito, de certa forma ambíguo, de tradução cultural. Kate Sturge (2009: 67) aborda-o como corporizando as práticas de tradução literária que fazem a mediação da diferença cultural, ou que tentam transmitir um cenário cultural abrangente, ou que representam outra cultura por via da tradução. Para Anthony Pym (2010: 144), por seu turno, a tradução cultural pode ser entendida como um processo no qual não existe nem texto de partida nem, geralmente, texto de chegada, dirigindo a atenção para os processos culturais e não tanto para os produtos. Segundo o autor, a necessidade de tradução cultural advém, em grande parte, mais da circulação de pessoas do que da circulação de textos.

Visto que a tradução cultural pode ser entendida de variadas formas, dependendo da perspetiva teórica adotada, cabe aqui destacar a sua relação com a antropologia cultural. Paula Rubel e Abraham Rosman (2003: 1), na obra *Translating Cultures*, esclarecem:

> *O principal objectivo da abordagem antropológica sempre foi compreender uma cultura ou culturas diferentes da nossa. Esta noção envolve inevitavelmente traduzir palavras, ideias e significados de uma cultura para outra, ou traduzir um conjunto de conceitos analíticos. A tradução é fundamental para "escrever sobre cultura".*

Não é de estranhar que a antropologia ocupe um lugar de destaque quando se fala de tradução cultural pois, tal como afirma Ovidio Carbonnel (1996: 81), todas as abordagens a uma determinada cultura envolvem um processo de tradução. Pode assim afirmar-se que ocorre tradução cultural sempre que uma experiência que não nos é familiar é interiorizada e de seguida reescrita na cultura que irá ser a recetora dessa mesma experiência. Peter Burke (2007: 8) defende que o termo "tradução cultural" foi utilizado pela primeira vez no âmbito da antropologia para descrever o que acontece em situações de encontros culturais quando cada uma das partes tenta compreender o significado das ações da outra parte.

No entanto, a nível antropológico, a problemática da tradução é analisada tendo em conta aspetos semióticos ou hermenêuticos, em vez se centrar em questões linguísticas ou na noção de fidelidade, tal como ocorre na "comum" tradução de um texto (Carbonnel, 1996: 79). A tradução cultural tenta responder a questões tais como de que forma se deve interpretar as outras culturas e como compreender o Outro, que é exótico e estranho de acordo com os nossos padrões e ideias culturais, e ainda como encontrar uma forma de construir a nossa própria fronteira cultural. Por esse motivo, de acordo com Doris Bachmann-Medick (2006: 40), a função da tradução é oferecer um indicador da transformação da antropologia numa antropologia de relações globais.

Além disso, Peter Burke (2009: 72-73) considera que a tradução interlingual é um dos aspetos mais visíveis ou audíveis da tradução cultural, havendo, segundo ele, necessidade de uma antropologia histórica da tradução interlingual. A antropologia histórica centra-se na investigação dos textos que foram traduzidos e na forma como foram traduzidos, o que permite avaliar não só quais as características que uma determinada cultura acha relevantes numa outra cultura, estando elas separadas no tempo e no espaço, mas também aferir qual o regime tradutório que impera em determinada época. Por outras palavras, possibilita fazer-se tanto a história interna como externa da tradução, e esta torna-se um elemento essencial em qualquer estudo que tenha como objetivo analisar trocas culturais ao longo do tempo.

Segundo Kate Sturge (2009: 69), também a etnografia tem como objetivo registar os mundos complexos de outros povos de modo a serem inteligíveis na cultura de chegada. Assim sendo, é possível estabelecer um paralelismo entre o papel tanto do tradutor literário como do tradutor/intérprete, que têm de encontrar um equilíbrio entre o respeito pela especificidade cultural do texto original e a tentativa de o tornar inteligível para o público-leitor, e o papel do etnógrafo como responsável pela recolha de dados na área da antropologia. Tal como o tradutor, o etnógrafo tem como função descodificar o que é diferente e "estrangeiro", tornando assim o que é estranho familiar, ao mesmo tempo que tenta preservar essa mesma diferença/estranheza.

Por conseguinte, o tradutor representa uma peça-chave no processo de comunicação intercultural, na medida em que facilita o entendimento entre indivíduos que apresentam diferentes contextos socioculturais. Esta é uma problemática que suscitou o interesse de vários teóricos. De acordo com Christina Schäffner (1997: 131), se a tradução for entendida como uma produção textual que tem como base um texto de partida e que será de seguida reproduzido numa outra língua, este processo constituirá sempre uma forma de comunicação intercultural. A principal função do tradutor é estreitar o fosso, seja ele grande ou pequeno, entre duas culturas (cf. Snell-Hornby, Jettmarová e Kaindl, 1997: 328-329). O tradutor tem assim de ser simultaneamente bilingue e bicultural (Snell-Hornby, 1995: 42).

Gideon Toury (1995: 53), por sua vez, defende que o trabalho do tradutor não pode estar circunscrito simplesmente à mera construção de frases e que as atividades tradutórias devem ser tomadas como possuindo uma importância cultural. Assim sendo, a tradução – a que Toury dá o nome de *Translatorship* – tem como principal objetivo desempenhar um papel social que é definido pela sociedade, de acordo com as suas próprias regras e com o que esta considera apropriado. Além disso, e de acordo com a abordagem funcionalista, Christiane Nord (2006: 44) sublinha que para um texto traduzido poder cumprir a função para a qual foi elaborado, num contexto cultural distinto, o tradutor não se poderá limitar a transmitir o material textual numa outra língua. Para Nord, um texto não possui um sentido único, pelo que cabe ao tradutor analisar pragmaticamente o contexto sociocultural no qual o texto vai ser recebido e adequar assim as suas escolhas.

Também David Katan (1999: 11) encara o tradutor e/ou intérprete como um mediador cultural, capaz de conciliar perspetivas não-convergentes do mundo, sendo assim possível que os participantes cooperem da forma que lhes parecer mais apropriada. Uma vez que o tradutor não tem um papel passivo, cabe-lhe agir sobre o texto, desconstruindo-o para que este se torne acessível ao público-leitor, pois, como referem Hatim e Mason (1990: 223), os tradutores fazem a mediação entre as culturas, incluindo ideologias, sistemas morais e estruturas sociopolíticas, procurando superar as incompatibilidades que interferem na transferência do significado.

Na verdade, mediar culturas é uma tarefa árdua, tento em conta que o tradutor não corporiza uma "tábua-rasa", sendo ele próprio um produto da cultura a que pertence. O tradutor tem de fazer um esforço para que as suas próprias perceções do mundo não interfiram no seu trabalho, o que nem sempre é fácil, tal como reconhecem Hatim e Mason (1990: 11):

> *Inevitavelmente, utilizamos as nossas crenças, conhecimentos e atitudes na assimilação dos textos, pelo que todas as traduções reflectem, de certo modo, o quadro mental e cultural do próprio tradutor, apesar das intenções de imparcialidade.*

Contudo, durante muito tempo o papel do tradutor não foi devidamente valorizado, visto que a própria atividade tradutória era entendida como uma transferência linguística, pelo que não era dada grande importância aos aspetos culturais presentes nos vários textos. Só após a chamada viragem cultural se começou a ter uma maior noção de que os textos ocupam um lugar próprio, ou seja, fazem parte de um determinado contexto sociocultural com características específicas, às quais deve ser dada a devida importância no que diz respeito à prática tradutória. É preciso notar que muitas vezes o leitor não tem acesso ao texto de partida ou não domina a língua em que ele foi escrito, pelo que o tradutor será responsável pela imagem que o público-leitor vai formar da obra, do autor, do contexto em que a obra teve origem e da mensagem presente na obra. Deste modo, o tradutor é responsável por criar a imagem do Outro, a quem está a tentar dar voz.

2. Lugares da tradução: estudos de caso

A expressão "perdido na tradução" (*lost in translation*) tornou-se muito popular e conheceu uma grande divulgação na linguagem quotidiana. Na verdade, é possível haver mal-entendidos quanto a gestos, atitudes e comportamentos, tal como é frequente perder-se o sentido da mensagem de partida na linguagem coloquial e nos registos de calão, por exemplo, mas também nas instruções e na sinalética. É usual dizer-se que a realidade ultrapassa a ficção, como fica comprovado nos casos verídicos que inspiraram a realização de compilações como as do escritor Chris Stone, *Lost in Translation: The English Language Taken Hostage at Home and Abroad*, e do jornalista Charlie Croker, *Lost in Translation* e *Still Lost in Translation*.

Charlie Croker chama a atenção para o facto de ser divertido constatar os erros no tocante à língua inglesa, não só cometidos por outros povos, mas também por falantes nativos (2007: 11). Em ambas as compilações, inclui casos encontrados na Grã-Bretanha e nos Estados Unidos, a par de vários exemplos asiáticos, mas também europeus. São inúmeras as indicações confusas e hilariantes, como: "A partir daqui, não circulam pessoas eléctricas carregando veículos" ("No electric people carrying vehicles past this point"), no aeroporto de Heathrow, e "Se compreende inglês, prima 1. Se não compreende inglês, prima 2" ("If you understand English, press 1. If you don't understand English, press 2"), numa linha telefónica de uma repartição de Finanças australiana (2007: 17, 116). Acrescente-se "Serviços do Banco para pessoas naturais e artificiais" ("Bank's services for natural and artificial persons") num hotel de Moscovo (2008: 139), bem como "Hotéis Agressivos" ("Aggressive Hotels"), numa cadeia de hotelaria do Camboja, e "Se faz favor enforque-se aqui" ("Please hang yourself here"), num bengaleiro em Berlim (2007: 22).

O autor apresenta igualmente exemplos provenientes de Portugal (Croker, 2007: 155-57; 2008: 144-46), nalguns dos quais conseguimos reconhecer as expressões de partida que deram origem aos erros de chegada: "Morro de inveja de a ver", traduzido como "I dead myself in envy to see her" (2007: 156), e "Quem cala, consente", vertido para "That not says a word, consent" (2008: 146). Dificilmente contemos o riso ao constatar que numa ementa de um restaurante madeirense se anunciam "Creeps Suzette" (2008: 129), algo como "Patifes Suzette".

Também Chris Stone torna claro que a língua inglesa está perdida na tradução, quer no estrangeiro, quer a nível nacional. Das indicações registadas em diversos letreiros e imagens, retenhamos as seguintes: "Relógios falsos genuínos" ("Genuine fake watches"), "Bom comportamento torna mais bonitas as relvas e flores" ("Good behavior makes grasses and flowers more beautifull"), "Caixote do lixo para cão" ("Dog bin") e "Partes privadas. Acesso limitado aos funcionários" ("Private parts. Access to staff only"), encontrados na Turquia, na China, em Londres e algures no Reino Unido, respetivamente (2012: s/p).

Esta perspetiva mais alargada permite ultrapassar o estereótipo da abordagem limitada aos falantes asiáticos. Com efeito, a utilização incorreta da língua inglesa por parte dos japoneses, dos chineses e de outros povos do leste asiático é frequentemente caracterizada como *Engrish*, mas também como *Chinglish* e *Janglish*.[3] No Japão, para além de se encontrarem vários casos de *Engrish*, utiliza-se *Janglish* ao adaptar palavras inglesas ao léxico japonês. Por exemplo, a palavra "calendar" passou a ser utilizada na língua japonesa como "karenda", tal como é comum utilizar-se o termo "tisshu" por analogia com o inglês "tissue", em vez do termo "chrigami" (Carvajal, 2010: 49-51).

Com efeito, e em resultado da globalização, nas culturas asiáticas tem vindo a verificar-se uma tendência para ocidentalizar alguns aspetos do quotidiano, numa tentativa de os tornar mais apelativos ao público, pelo que a língua inglesa é muitas vezes utilizada como um elemento decorativo na publicidade e na promoção de certos produtos (Ramos, 2009: 438). Sendo assim, não existe uma grande preocupação com a componente gramatical e ortográfica

---

[3] A questão inspirou também a comédia "Chinglish", estreada na Broadway em Outubro de 2011. Sobre estas matérias, veja-se <http://www.engrish.com>, <http://broadwaysbestshows.com/show/Chinglish> e <http://tefltastic.wordpress.com/2011/09/24/janglish-dictionary>, acedidos a 30 de Janeiro de 2014.

porque a intencionalidade comunicativa se baseia na componente visual.

Os estudos de caso selecionados na presente análise no tocante às obras de ficção – literárias e cinematográficas – privilegiam aquelas em que o tradutor representa uma figura central, imprescindível ao desenrolar da trama, ao exercer funções como mediador linguístico e cultural em relação às restantes personagens. Para além da profissão de tradutor não constituir um mero acessório no enredo, escolheram-se obras produzidas numa data próxima da viragem do milénio ou posteriores ao ano 2000, versando a língua inglesa, o que excluiu obras escritas, por exemplo, em francês ou alemão. É o caso de *La Traduction est une Histoire d'Amour*, de Jacques Poulin, publicada em 2006,[4] e de *Nachtzug nach Lissabon*, de Pascal Mercier, publicada em 2004.[5] Também se colocaram de parte as obras de Ward S. Just, *The Translator* (1991), e de Eva Hoffman, *Lost in Translation: A Life in a New Language* (1989), a primeira devido à data de publicação e a segunda por, não obstante o título, se tratar de uma obra autobiográfica cuja temática não vai ao encontro dos objectivos que se pretendem alcançar.

Assim, no tocante a textos literários, são objeto de comentário as obras de John Crowley, *The Translator* (2002) e de Ann Patchett, *Bel Canto* (2001),[6] a primeira porque apresenta considerações pertinentes sobre o processo tradutório e a segunda porque, embora o título não pareça estar diretamente relacionado com a tradução, a figura do tradutor ganha relevo no desenrolar da acção.

Em *Bel Canto*, a trama tem início com uma festa de anos em honra de Katsumi Hosokawa, diretor de uma empresa de renome, que

---

[4] Esta obra não foi traduzida para português. No entanto, foi traduzida para inglês como *Translation is a Love Affair* (2009).
[5] Esta obra foi traduzida para português como *Comboio Nocturno para Lisboa* em 2008, por João Bouza da Costa para a editora D. Quixote, tendo sido reeditada em 2013. A primeira tradução para inglês, cujo título é *A Night Train to Lisbon*, data de 2008.
[6] Esta obra foi galardoada com o *Orange Prize for Fiction* e *PEN/Faulkner Award for Fiction*. A tradução de *Bel Canto* para português ficou a cargo da editora Gradiva e foi realizada pela tradutora Maria do Carmo Figueira, em 2002.

apenas concordou estar presente na esperança de ouvir a sua cantora lírica preferida, Roxane Coss, encontrando-se reunidas no mesmo espaço figuras proeminentes do mundo dos negócios e da política, originárias de diferentes partes do mundo. O país onde a ação tem lugar nunca é divulgado, sabendo-se apenas que se trata da casa do Vice-Presidente. Quando nada fazia prever, a festa é interrompida por membros de uma organização terrorista que pretendiam sequestrar o Presidente da República. No entanto, ao contrário do que era expectável, ele não se encontra na festa e os terroristas optam por manter em cativeiro todos os convidados.

A diversidade linguística que caracteriza o grupo compromete a comunicação e torna necessária a presença de um mediador, sendo que os momentos comunicativos essenciais à ação ocorrem dentro do grupo de reféns, entre os reféns e os terroristas, e entre os terroristas, os reféns e um membro da Cruz Vermelha responsável pelas negociações entre terroristas e governo. É assim que se destaca a personagem de Gen Watanabe, tradutor que trabalha para Hosokawa e que se vai tornar o grande responsável pela existência de qualquer tipo de comunicação entre as personagens. Com efeito, ao longo da obra, a intervenção de um tradutor/intérprete torna-se indispensável, quer para facilitar o entendimento em grego, alemão ou francês dos reféns quanto a questões como as notícias dos jornais, quer para mediar as negociações, visto que os generais o tomaram como secretário de Hosokawa e não apenas um tradutor (Patchett, 2001: 131).[7]

Ironicamente, Watanabe está habituado a passar despercebido e a quem não é dada muita importância ao seu trabalho, o que retrata de certa forma a situação dos tradutores no mundo real, visto que, frequentemente, não lhes é dado o devido valor até que a comunicação ou compreensão fique inviabilizada. No contexto ficcional de *Bel Canto*, o tradutor não só consegue colmatar as lacunas linguísticas, mas também contribui para a resolução do conflito, visto que, como o próprio Watanabe reconhece, todos os pensamentos dos que estavam ali presentes precisavam de ser traduzidos (172).

---

[7] As referências a excertos da obra *Bel Canto* passam a ser identificadas recorrendo apenas à numeração da página.

Apesar de não se sentir à vontade com mensagens que lhe pedem para traduzir, Watanabe tem de cumprir o seu papel enquanto tradutor de forma eficiente e correta, colocando de lado as suas vontades e desejos pessoais. Não está assim nas suas mãos decidir o que deve ser traduzido ou não, ou o que merece ou não ser dito. Por esse motivo, a sua função de intermediário vai ao encontro de um aspeto largamente debatido no âmbito dos Estudos de Tradução, ou seja, até que ponto o tradutor é livre para manipular o texto a seu belo prazer, retirando ou acrescentando informação, mesmo que movido de boas intenções. O facto de Watanabe não se poder deixar influenciar por opiniões pessoais nem ser sua função "editar a conversa" (213) postula este dilema, pelo qual muitos tradutores passam no exercício da sua profissão. O pressuposto de que a atividade do tradutor se resume a uma simples passagem de informação de uma língua para outra existe também entre elementos do grupo. De acordo com Victor Fyodorov, um empresário russo, um tradutor traduz palavras, e uma palavra é sempre uma palavra (212), independentemente do contexto e do meio em que é utilizada. O seu significado manter-se-ia inalterado, pelo que Watanabe poderia traduzir o que ele queria dizer, naquele dia ou noutro momento qualquer.

Outra questão que pode ser abordada no âmbito da comunicação intercultural diz respeito à presença do padre Arguedas na casa, o que permitia que os reféns se pudessem confessar. Visto que ele só dominava a língua espanhola, o sacramento podia ser conduzido do modo tradicional ou perante Watanabe (242). No entanto, sem a figura do tradutor, pode dizer-se que o ato da confissão se transformava num processo mecânico, em que nenhuma das partes conseguia compreender a outra de forma plena. A componente situacional demonstra que as ações podem ser realizadas, mas existe algo que se perde durante o processo comunicativo.

Pode assim afirmar-se que, no início de *Bel Canto*, a personagem do tradutor, corporizada por Gen Watanabe, vive na sombra de Hosokawa, estando presente apenas quando os seus serviços são necessários, mas acaba por se tornar o motor da ação e o mediador intercultural de todas as personagens. Nessa medida, Watanabe pode ser considerado um exemplo paradigmático do tradutor ideal, que para além das suas capacidades profissionais possui presença de espírito e qualidades de flexibilidade mental (Bankhead, 2006: 96).

No que diz respeito a *The Translator*, de John Crowley, a ação é movida pela problemática da tradução literária, sendo Kit Malone uma estudante universitária americana e Innokenti Falin o autor russo dos poemas que ela irá traduzir. Aliás, entre outras questões, Kit pondera se um poema que está a ler irá ter o mesmo valor e significado quando lido e analisado por diferentes pessoas, de lugares diferentes do mundo (Crowley, 2002: 56)[8], o que remete não só para o valor intrínseco de um texto, mas também para a vertente pragmática da importância dos recetores do mesmo.

Na obra reflete-se também sobre se o texto de partida e o texto de chegada — neste caso, trata-se sempre de poemas — estarão sempre de alguma forma ligados, ou se a partir do momento em que se realiza uma tradução esta passa a existir independentemente do texto de partida. Falin estabelece uma analogia com a imagem do ovo e do pinto (*the shell and the chick*), o que explica a relação que, segundo ele, existe entre ambos os textos (178). Falin acredita assim que existe uma relação indelével entre a tradução e o texto que lhe deu origem, visto que não existe tradução sem um texto inicial que lhe serviu de base. No entanto, ele considera que a partir do momento em que um poema é traduzido passa a ser algo completamente diferente do texto que lhe deu origem. Esta é uma ideia transversal a toda a narrativa, visto que a tradução é encarada, não como um simples ato linguístico, mas como uma forma de perpetuar a vida do texto de partida, impedindo a sua perda, tal como afirma Kit ao comentar a relutância de Falin em relação às traduções (278).

Para Falin, quando traduzidos, os poemas continuam a existir numa língua diferente, o que implica que se tornem também eles diferentes. Esta conceção da tradução faz com que Falin e Kit discutam sobre o que é um texto original, visto que, como questiona Falin, se o poema traduzido é diferente do original, não será ele próprio um novo texto, independente do texto de partida? Por

---

[8] As referências a excertos da obra *The Translator* passam a ser identificadas recorrendo apenas à numeração da página.

conseguinte, à medida que Kit e Falin vão realizando as traduções dos poemas, são discutidos alguns problemas que perturbam a maioria dos tradutores, nomeadamente que precaução deve o tradutor ter em conta quanto está a traduzir para culturas diferentes. Por exemplo, situando-se esta narrativa durante o período da Guerra Fria, Falin chama a atenção de Kit para uma expressão utilizada num poema e que teve de ser alterada devido ao tradutor ter sido sensível às consequências que iriam advir da sua utilização:

> [...] o tradutor percebeu que no meu país, quando dizemos que alguém escreveu sobre alguém, queremos dizer que uma pessoa forneceu às autoridades informações ou levantou suspeitas sobre outra pessoa, o suficiente para que esta seja investigada, talvez detida. Dizemos sobre uma pessoa, não confio nela – penso que escreve. O poema pode ser lido deste modo, e por isso o tradutor escolheu a palavra denunciar. Mas escrever, em russo, ainda é escrever – e apenas isso. Escrever cartas, poesia. (57)

Assim, ao passo que no poema de Falin ele utilizou o verbo "escrever", visto que todos os leitores daquele contexto sociocultural iriam ser capazes de deslindar o significado implícito contido neste termo, quem traduziu o seu poema decidiu utilizar o verbo "denunciar", explicitando um significado que de outra forma não estaria acessível aos leitores comuns. Este caso demonstra que o tradutor tinha um conhecimento aprofundado da cultura em que o texto de partida foi elaborado e que teve noção de que se tratava de um termo que não podia ser traduzido de forma literal, sob pena de o seu significado real ficar comprometido.

Por conseguinte, também na obra ficcional de John Crowley é dada especial atenção aos aspetos culturais, que não podem ser ignorados pelo tradutor durante a elaboração de uma tradução. O facto de o tradutor ser ou não capaz de reconhecer as marcas culturais, presentes num texto que se prepara para traduzir, estabelece a diferença de qualidade entre o que virá a ser uma tradução mais adequada ou menos adequada.

Como foi referido previamente, é possível identificar um conjunto de fatores capazes de influenciar positiva e/ou negativamente o processo de comunicação intercultural, principalmente quando esta ocorre entre duas ou mais culturas marcadamente distintas. As obras cinematográficas apresentam alguns dos exemplos mais representativos de diferenças sentidas a nível da língua materna e de um *schema* cultural – constituindo este uma estrutura de conhecimento prévio que envolve padrões expectáveis (Yule, 1996: 134) — num país que também ele é estranho e desconhecido a, pelo menos, uma das personagens, bem como as respetivas repercussões no convívio entre os indivíduos.

Independentemente de se tratar de grandes ou de pequenas produções, as obras cinematográficas constituem um importante instrumento de contacto com outras culturas, permitindo que os espectadores ganhem conhecimento de particularidades culturais a que estavam alheios. Esta perspetiva é partilhada por David H. Budd (2002: 1) ao defender que, para grande parte da população das sociedades modernas, o cinema constitui o principal meio de exposição a outros grupos culturais, tendo o poder de transmitir quer caracterizações complexas, quer estereótipos elementares.

Passamos a analisar sumariamente oito filmes de expressão inglesa, realizados entre 1997 e 2006, sendo eles *O Amor é um Lugar Estranho* (*Lost in Translation*), *Espanglês* (*Spanglish*), *O Amor Acontece* (*Love Actually*), *Viram-se Gregos para Casar* (*My Big Fat Greek Wedding*), *Só os Tolos se Apaixonam* (*Fools Rush In*), *Despachado para a Índia* (*Outsourced*), *Tradição é Tradição* (*East is East*) e *Terminal de Aeroporto* (*The Terminal*). Algumas destas obras serão analisadas com mais pormenor, ao passo que outras servirão de complemento à análise geral.

A título suplementar, refira-se que o filme *Contraluz* (*Backlight*), realizado em 2010 pelo português Fernando Fragata, nos Estados Unidos, alude ao preconceito contra os emigrantes – ao sabermos que os pais de Mat não aceitaram o seu namoro com Helena – e, embora não se debruce sobre a inter/transculturalidade, retrata um grupo de pessoas em busca de si mesmas. Por esse motivo, sem a vertente pragmática assumida pelo contexto situacional da tentativa de suicídio de Jay, a mensagem do GPS, "Faça inversão de marcha. Está na rota errada para o seu destino" seria meramente informativa. Também o nome de outra personagem, Justin Time, não seria relevante se não expressasse um trocadilho com "mesmo a tempo" ("just in time"), uma constatação que ganha contornos dramáticos no enredo.

Por ter inspirado a escolha da temática de investigação aqui apresentada, *O Amor é um Lugar Estranho* merece maior destaque. O filme, realizado em 2003 por Sofia Coppola, narra a história de dois americanos que viajam para o Japão por motivos distintos: Bob Harris com o objetivo de gravar um anúncio publicitário a uma bebida, e Charlotte – cujo apelido, ou seja, uma parte da sua identidade, não é indicado – a fim de acompanhar o marido fotógrafo. Ao se encontrarem numa situação semelhante, Bob e Charlotte acabam por se aproximar e tornam-se o apoio um do outro num país que lhes é desconhecido.

A solidão, que advém da falta de identificação de um indivíduo com uma determinada cultura que não a sua, é um dos temas centrais desta obra cinematográfica. Aliás, a apreensão de significado, para além do significado do que é efetivamente dito, é crucial na ótica da pragmática, e nessa medida o filme torna percetível que a diferença de culturas não é a única causadora do sentimento de inadaptação. A título de exemplo, refira-se que, quando Charlotte telefona à sua irmã Lauren, esta ouve as palavras — nomeadamente, "Deixa lá, depois volto a ligar" — mas não escuta a mensagem da necessidade de comunicar para combater a solidão. O facto de estarem longe de casa leva, assim, a que Bob e Charlotte se apercebam de que mesmo no seu mundo se sentiam perdidos e sem saber exatamente qual o seu lugar e qual o caminho a seguir.

A não existência de referentes culturais comuns agrava o sentimento de alienação e de não pertença por parte das personagens, ao estarem inseridas num ambiente pouco familiar. Ao longo do filme é possível identificar uma série de situações em que as diferenças entre culturas se tornam bastante visíveis. Logo no início, quando Bob chega ao hotel onde fica hospedado, é recebido pelo grupo de trabalho que o vai acompanhar ao longo da filmagem do anúncio publicitário. Nesta cena temos duas práticas que são características da cultura japonesa: a vénia e a entrega dos cartões-de-visita. A vénia obedece a uma série de regras de cortesia, tendo em conta a hierarquia existente entre os participantes no processo comunicativo, e a inclinação da vénia depende do maior ou maior grau de proximidade e de respeito entre os intervenientes. Não estando a par destas convenções, Bob fica sem saber como agir e tenta, da melhor forma, esconder o seu desconforto. Quanto à entrega dos cartões-de-visita, ela exemplifica o espírito pragmático dos japoneses, ao mesmo tempo que perpetua a ideia de que não perdem uma oportunidade de negócio.

A cena em que Bob se prepara para gravar o anúncio à bebida Suntory é um exemplo paradigmático das relações interculturais e da forma como as expectativas e ideias pré-concebidas em relação ao Outro podem moldar as escolhas a nível comunicativo. Nesta cena os três intervenientes principais são Bob, o realizador e uma intérprete. O diretor, que só fala japonês, dá todas as indicações à intérprete que, por sua vez, as transmite a Bob. Ao passo que as indicações dadas pelo realizador são longas e expressivas, a tradução feita pela intérprete prima pela concisão. Perante o ocorrido, Bob fica confuso e questiona se não teria ficado algo por traduzir.

Contudo, o que pode parecer uma falha profissional por parte da intérprete retrata a importância do tradutor enquanto mediador cultural (Ramos, 2009: 437), pois a língua japonesa é detentora de um grau de formalidade que não está presente na língua inglesa. Ao ter consciência destas diferenças linguísticas, a intérprete adequa o seu discurso ao recetor da mensagem. Fica assim demonstrada a importância do conhecimento da realidade extralinguística por parte do tradutor/intérprete.[9] De acordo com Maria José Veiga, esta cena retrata "a ressonância da problemática da perda tradutológica", perda que é representada pela personagem de Bob, sendo que "a reprodução hiperbólica do sentido de perda" (2006: 74) é responsável por alguns dos momentos de humor presentes no filme.

Com efeito, os problemas comunicativos não se ficam por aqui. A certa altura, Bob encontra-se sozinho no quarto quando recebe a

---

[9] É importante notar que o DVD distribuído em Portugal também não fornece a tradução/legendagem das falas em japonês, provavelmente para que o espectador se identifique com a situação vivenciada pela personagem corporizada por Bill Murray. A tradução foi realizada por Correia Ribeiro.

visita de uma prostituta. As dificuldades de comunicação nesta cena assentam no pressuposto, muito disseminado, de que os japoneses trocam os fonemas "r" e "l". Contudo, quando a mulher lhe pede "lip my stockings", a captação da mensagem não é imediata. Apenas após alguma insistência por parte dela, Bob acaba por deduzir que na verdade ela quer dizer "rip" e não "lip", ou seja, "rasgar" em vez de "lamber". Adequadamente, o tradutor/legendador optou por "lasgue as minhas meias", de forma a manter o erro de fala da personagem.

Em suma, o processo de tradução em *O Amor é um Lugar Estranho* ocorre a dois níveis, o linguístico e o cultural, com os personagens principais a tentarem descodificar o país no qual se encontravam perdidos e, paradoxalmente, se encontraram. O facto de as diferenças culturais serem retratadas de forma ligeira e descomprometida não impediu que a obra de Sofia Coppola tivesse sido alvo de crítica. A título de exemplo refira-se que, de acordo com uma crónica publicada em *The Guardian,* o filme tem como espinha dorsal o racismo anti japonês.[10] Acrescente-se que é inegável a existência de um efeito cómico na utilização do *Engrish*, mas a intenção não é discriminatória, como foi suprarreferido no tocante a compilações de casos reais,[11] pois o humor é universal e tem como principal objetivo desenvolver a empatia, o que aproxima os seres humanos. Em nossa opinião, o próprio conceito – ao subentender a perceção da troca do "r" e do "l", mas sobretudo ao utilizá-la de modo inverso – implica à partida um conhecimento inter/transcultural.

Por seu turno, o filme *Espanglês* (*Spanglish*) reflecte no título a combinação da língua/cultura hispânica e anglo-americana. Realizado em 2004 por James L. Brooks, relata a história de Flor Moreno, uma imigrante de origem mexicana, que após ser abandonada pelo marido decide ir em busca de uma vida melhor, mudando-se com a filha Cristina para os Estados Unidos. Ao ir viver para um bairro essencialmente habitado por mexicanos, Flor não sente

---

[10] O artigo, com o título "Totally Lost in Translation", foi elaborado por Kiku Day e pode ser acedido em
<http://www.guardian.co.uk/world/2004/jan/24/japan.film>.
[11] Ver também os esclarecimentos prestados em
<http://www.engrish.com/engrish-faq/#Q17>.

necessidade de aprender inglês, ao contrário da sua filha, que domina o idioma. Existe assim uma tentativa por parte de Flor de manter as suas raízes e costumes, ao optar por continuar a comunicar na sua língua materna. A questão da identidade é, aliás, um tema-chave ao longo de todo o filme.

A grande mudança na vida de Flor ocorre quando, em busca de um trabalho mais bem remunerado, se aventura a encontrar um emprego fora da comunidade hispânica. Flor dirige-se então com a sua prima Monica à casa da família Clasky, que pretende contratar uma empregada doméstica. Apesar da aparente atitude pouco preconceituosa de Deborah Clasky em relação a Flor, existem alguns momentos durante o filme que demonstram o contrário, tal como indica o diálogo em língua inglesa que tem lugar na cena em que Deborah ignora o esclarecimento da sua filha Bernice quanto ao significado do nome de Flor:

> Deborah: What's your name? Llamo? One of my five Spanish words.
> Flor: Flor Moreno.
> Deborah: Floor?
> Flor: No, Flor.
> Bernice: It means flower, right?
> Deborah: Floor! What I walk on, right?

O trocadilho entre "Flor" e "Floor" nesta cena é muito relevante, tendo em conta que Flor vai trabalhar como empregada doméstica. Para além da falha da comunicação linguística a nível denotativo, simboliza a posição de superioridade anglo-americana de Deborah em relação à hispânica Flor (Ramos, 2011: 429).

É oportuno analisar quais as soluções encontradas por dois tradutores diferentes, de forma a conseguirem transmitir ao público o trocadilho existente no diálogo em inglês. Na tradução realizada para o canal de televisão Fox Movies, a tradutora optou por traduzir por "Pronuncia-se "Flur", é isso?", enquanto na tradução do DVD esta fala foi traduzida por "Como o chão onde andamos, não é?".[12] Na primeira solução, visto que em português é impossível manter o trocadilho "flor/floor", a tradutora procurou encontrar um termo que se assemelhasse foneticamente a "floor". A segunda solução ignorou a componente fonética e transmitiu a mensagem de um modo pragmático, expressando o sentido do que foi dito por Deborah.

Apesar de as personagens mexicanas ocuparem um lugar de destaque nesta obra cinematográfica, não se assiste a um total afastamento dos *clichés* utilizados em Hollywood. Como afirma Steven Bender, muitas das personagens latinas perpetuam estereótipos, tendo em conta que geralmente representam empregadas domésticas (2003: 171).

Além disso, o facto de se falar o mesmo idioma facilita a comunicação entre os indivíduos, mas não garante que um entendimento perfeito seja alcançado nas relações interpessoais. Apesar de Deborah e Bernice pertencerem ao mesmo universo linguístico, Deborah não se apercebe que está a magoar a filha quando tenta vesti-la com roupas que não lhe servem. É Flor quem nota o que se passa e tenta resolver o problema, alterando as roupas de Bernice para que esta as pudesse vestir, o que só prova que apesar de duas pessoas falarem a mesma língua, podem não falar a mesma linguagem.

Embora se estabeleçam laços emocionais entre Bernice e Flor, a grande responsável pelo diálogo intercultural é Cristina, que serve de mediadora linguística entre Flor e os Clasky. Na cena em que Flor discute com John, o marido de Deborah, Cristina desempenha o papel de intérprete, para assegurar o diálogo entre ambos. Na verdade, ela traduz não só o diálogo, mas também as diferenças de entoação e a linguagem corporal, tornando assim mais visíveis as diferenças existentes entre as formas de expressão da cul-

---

[12] A tradução/legendagem para a televisão foi realizada pela empresa Moviola e é da autoria de Georgina Torres, ao passo que no DVD não é indicado o nome do tradutor/legendador.

tura americana, mais contida, e a cultura mexicana, mais expansiva.[13]

Ao longo do filme, Flor apercebe-se de que Cristina está a adotar cada vez mais o modo de vida americano e a esquecer-se das suas origens, sendo o fosso entre elas cada vez maior. Flor decide então começar a aprender inglês, para que a comunicação linguística facilite a reaproximação entre ela e a filha. No final, Cristina revela que, apesar da influência da cultura americana, a sua identidade e o seu verdadeiro "eu" são definidos pela figura da mãe, o que, em nossa opinião, remete para a essência permanecendo ela própria um produto da cultura mexicana exemplificando o que consideramos ser um caso de inter/transculturalidade.

O contacto entre as comunidades mexicana e americana é igualmente retratado no filme *Só os Tolos se Apaixonam* (*Fools Rush In*), realizado em 1997, e que tem como base, a partir da relação amorosa entre Isabel Fuentes e Alex Whitman, alguns dos estereótipos mais comuns sobre o povo mexicano. Logo à partida, as diferenças mais visíveis entre ambas as culturas é a importância dada à família e à religião. Isabel tem um contacto bastante regular com a família, ao passo que Alex comunica esporadicamente com os pais, adotando uma posição pragmática e característica da sociedade americana. Além disso, tal como afirma Isabel, "a religião é muito importante na nossa cultura, pelo menos, na minha família", ao contrário de Alex, que evoca o princípio de que a religião é "o ópio do povo".

Quando os pais de Alex o vão visitar, confundem Isabel com uma empregada doméstica, dando mais uma vez forma à ideia pré-concebida, muito comum na indústria cinematográfica, como foi previamente referido, de que as mulheres hispânicas são sempre empregadas domésticas. Também as interações entre Alex e os pais de Isabel dão visibilidade às diferenças culturais e a preconceitos. Desde o início, torna-se evidente que a abordagem à relação entre Alex e Isabel, e sobretudo à gravidez desta, é feita de acordo

---

[13] Tal como sucede com o japonês em *O Amor é um Lugar Estranho*, não foram traduzidas as falas de Flor em espanhol, existindo tradução apenas quando Cristina as verte para inglês.

com duas perspetivas diferentes: o pai de Alex está mais preocupado com o aspeto económico da questão e o pai de Isabel preocupa-se com qual será a religião da criança. "Cultura?", pergunta Richard Whitman, "Chamam a isto cultura?", numa atitude de desprezo para com as tradições mexicanas, obviamente consideradas inferiores aos costumes americanos.

Por seu turno, em *O Amor Acontece* (*Love Actually*), realizado em 2003, o escritor britânico Jamie Bennett apaixona-se pela sua empregada portuguesa, de nome Aurélia, que fala apenas português. Quando se conhecem, e ao estar limitado pela barreira linguística, Jamie tenta recorrer a certos *clichés*, nomeadamente à utilização do nome do mundialmente conhecido Eusébio, pensando ser um elemento que possa facilitar a comunicação e o entendimento entre eles. Tenta também utilizar algumas expressões que são uma mistura de italiano e espanhol, o que constata a habitual dificuldade que os falantes de língua inglesa têm em distinguir as línguas românicas. Contudo, recorrem a sons, gestos, linguagem corporal e diferenças no tom de voz para poderem comunicar.

O filme reúne também alguns dos estereótipos mais comuns sobre a cultura portuguesa. Para começar, Aurélia trabalha como empregada doméstica, uma profissão que está muito associada à imagem do português que emigra para ir desempenhar uma função considerada pouco qualificada. Além disso, Aurélia usa sempre um fio de ouro com uma pequena cruz, recuperando a ideia préconcebida de Portugal como um país em que a religião tem ainda uma importância considerável. Embora a ação seja passada nos inícios do século XXI, a imagem que se transmite através da comunidade de emigrantes/imigrantes é a de um país provinciano, em que todos se conhecem e em que se sentem no direito de se imiscuir na vida uns dos outros. Com efeito, quando Jamie vai à procura de Aurélia, todos os portugueses o seguem para ver o que acontece.

É oportuno frisar que Jamie acaba por conseguir comunicar num português atabalhoado, mas percetível, o que levanta dificuldades de tradução, neste caso para o texto de chegada correspondente em inglês. Vejam-se algumas escolhas do tradutor/legendador face às dificuldades linguísticas patentes no seguinte passo:

> *Jamie: Bonita Aurélia. Eu vir aqui para te pedir para casar comigo. Eu sei que ser louco porque mal te conheço, mas às vezes as coisas são muito claras para mim. Não preciso de prova. Eu viver aqui ou tu viver na Inglaterra comigo.*

> *(Legendagem em inglês) Beautiful Aurélia. I've come here with a view of asking you to marriage me. I know I seems an insane person – because I hardly knows you – but sometimes things are so transparency, they don't need evidential proof. And I will inhabit here, or you can inhabit with me in England.*

Como é possível observar, o tradutor/legendador (de acordo com a tradução do DVD),[14] optou por manter a "estranheza" do discurso de Jamie, mantendo o uso de tempos verbais incorretos e usando vocabulário que não seria utilizado por um falante nativo (pelo menos não neste contexto), como por exemplo "transparency" em vez de "clear" ou "obvious", ou o verbo "to inhabit" em vez de "to live". O mesmo acontece com as falas de Aurélia, cujo inglês, à semelhança do português de Jamie, é rudimentar. Assim, quando ela responde ao pedido de casamento "Yes, has been my answer", o tradutor optou por traduzir por "Sim, é ser a minha resposta", mantendo a desadequação gramatical.

No entanto, existe uma situação em que tal não se verificou. A dada altura, Jamie constata "You learned English", ao que Aurélia responde "Just in cases", que foi traduzido por "À cautela". Por uma questão de coerência, tendo em conta os exemplos anteriores, teria sido mais adequado traduzir por "À cautelas", mantendo assim o uso incorreto da forma plural. De qualquer modo, e uma vez que "à cautela" significa "para evitar maus resultados", talvez esta não tenha sido a escolha mais apropriada. Por isso, o tradutor poderia ter optado por "Pelo sim, pelos nãos" ou "Por vias das dúvidas", por exemplo, mantendo assim as incorreções gramaticais.

A temática da comunicação intercultural é também um dos motores do filme *Despachado para a Índia* (*Outsourced*), de 2006, sendo que este se centra essencialmente nas diferenças entre a cultura americana e a cultura indiana. A partir do momento em que Todd Anderson chega à Índia é confrontado com uma série de

---

[14] Não é indicada a autoria da respetiva legendagem e tradução.

diferenças culturais, que fazem com que a sua estadia neste país esteja longe de ser monótona. Devido aos contrastes culturais, Todd, que é o responsável pelo funcionamento de um *call centre*, começa por adotar uma atitude algo preconceituosa relativamente aos indianos e aos seus costumes e tradições – um dos seus compatriotas refere que "India" significa "I'll never do it again", ou seja, "Não o voltarei a repetir"[15] – mas rapidamente se adapta à nova realidade.

Neste filme volta a estar presente a dicotomia cultura individualista *versus* cultura coletivista. Quando Todd se senta num comboio lotado de gente, um rapaz aproveita para, muito naturalmente, se sentar no seu colo sem perguntar se podia, sendo esta situação impensável na cultura ocidental. Além disso, ao chegar ao seu destino, Todd pretende ir para um hotel, mas o anterior diretor local do *call centre*, Purohit Virajnarianan, conhecido como Puro, apresentando uma visão coletivista e característica da sua cultura, sugere-lhe que vá para a hospedaria da Tia Ji pois, segundo ele, assim não se sentiria só. Verifica-se desta forma a noção totalmente diferente com que o espaço pessoal é encarado na cultura americana e na cultura indiana. A cultura americana valoriza o espaço pessoal de cada indivíduo, encarando-o quase como uma necessidade vital, própria de uma cultura individualista, ao passo que na cultura indiana este aspeto é comparável à solidão e ao isolamento.

Ao longo de todo o filme, é possível observar diversas situações em que as diferenças linguísticas dão origem a momentos caricatos e, por vezes, a alguns desentendimentos. Por exemplo, Puro não entende os conceitos de *kitsch*, de saloio e de pacóvio. Além disso, devido à semelhança fonética, troca o nome de Todd, chamando-o "Toad", ou seja, "sapo", o que poderia ser entendido como um insulto embora não fosse essa a sua intenção. De resto, também Todd começa por confundir o nome de Puro com Poirot.

Os mal-entendidos sucedem igualmente com os trabalhadores do *call centre*, o que levanta problemas na tradução do inglês para o

---

[15] A tradução e a legendagem do DVD é da responsabilidade da empresa Ponto & Escrita. O filme inspirou uma série americana de televisão em 2010.

português e obriga o legendador a explicitar os trocadilhos. Quando uma avó americana contacta o serviço de apoio ao cliente em busca de algo para oferecer ao neto, um dos trabalhadores sugere: "Talvez algumas borrachas (*rubbers*=preservativos)". Todd explica que o termo a ser utilizado devia ser "apagador" (*eraser*) e não "borracha" (*rubber*), porque esta significa "preservativo (*condom*=condomínio)". No entanto, esta explicação conduz a uma série de outros mal-entendidos. O uso da palavra *condom* faz com que um trabalhador pergunte "Como um andar?" (*a flat*), ao que outro trabalhador responde "Eles dizem apartamento" (*apartment*) e o primeiro insista "Um preservativo" (*condom*).

Como se pode observar, as personagens são confrontadas com as diferenças existentes entre o inglês falado em Inglaterra e o inglês americano. Devido à influência britânica na Índia, os trabalhadores desconhecem que alguns termos não são apropriados quando utilizados num contexto americano, por serem ofensivos ou por terem significados diferentes. Deste modo, e tendo como propósito agilizar o processo de vendas, Todd sugere aos trabalhadores que não só adotem o léxico e a pronúncia do mesmo, mas também se informem sobre a cultura americana, visto que o maior entrave ao sucesso do negócio estava a ser de ordem cultural. Assim, quanto mais estivessem familiarizados com a cultura americana, mais fácil seria alcançar os objetivos propostos pela empresa. Por outras palavras, os clientes não podiam sentir estranheza quanto aos vendedores, quer a nível linguístico, quer a nível cultural. Caso contrário, o processo de identificação ficaria em risco e quanto mais acentuadas fossem as diferenças, maior seria a resistência por parte dos clientes americanos ao ato de comprar os produtos.

Contudo, Todd apercebe-se de que o mesmo distanciamento afetava os trabalhadores indianos do *call centre*. Por esse motivo, encomenda uma série de produtos vendidos pela sua empresa para que os trabalhadores pudessem ter contacto com o material que estavam a vender, tornando o seu serviço mais compatível com a realidade americana. Para ele, verem as imagens dos produtos apenas *online* não era suficiente pois precisavam de compreender o que estavam a vender.

Neste sentido, é possível estabelecer uma analogia entre a situação retratada no filme – que problematiza o papel da localização e da deslocalização na venda de produtos à escala global – e o processo de tradução. Como foi referido previamente quanto ao papel do tradutor enquanto mediador cultural, também o tradutor precisa de conhecer não só as línguas de partida e de chegada, mas também a realidade extralinguística presente em todos os textos. É essencial que o tradutor entenda tanto o contexto sociocultural de partida como o de chegada, para poder realizar uma tradução que vá ao encontro das expectativas e das necessidades de um determinado público-alvo.

Na verdade, consoante o tipo de texto que o tradutor tem em mãos e mediante a função do mesmo, o tradutor tem de escolher a melhor forma de transmitir a informação sem comprometer o entendimento por parte do público-leitor. Por outras palavras, tal como não se consegue vender um produto que não se entende, também é difícil – ou mesmo impossível – realizar uma tradução de qualidade sem se apreender o total sentido do texto e sem se conhecer a realidade implícita ao mesmo.

Em suma, a tentativa de Todd de minimizar as diferenças culturais e linguísticas, de forma a tornar o processo de vendas mais acessível ao público americano, em muito se assemelha a uma das metodologias propostas por Venuti, que dá pelo nome de domesticação.[16] Para Venuti, o método de domesticação consiste em realizar uma tradução que esteja de acordo com valores dominantes na cultura de chegada, optando por uma abordagem conservadora e assimiladora que se apropria do texto de partida (2001: 240).

Em *Despachado para a Índia* encontra-se também um exemplo relevante de tradução intersemiótica. A certa altura, Todd repara num anúncio de jornal que mostra a imagem de um hamburger, com um símbolo que se assemelha em muito ao famoso McDonald's. Ao chegar ao local anunciado, verifica que não se trata do

---

[16] É possível traçar a origem dos métodos estranhante e domesticante no texto de 1813 de Friedrich Schleiermacher, "Über die verschieden Methoden des Übersetzens" ("On the Different Methods of Translating"), traduzido por Waltraud Bartscht, no qual afirma que existem apenas duas opções tradutórias: ou o tradutor aproxima o leitor do escritor, ou aproxima o escritor do leitor (1992: 42).

conhecido restaurante de comida rápida, mas sim de um restaurante chamado MacDonnell's, cujo cardápio é adaptado aos gostos e costumes dos indianos. Por conseguinte, este estabelecimento aproveitou-se da imagem de marca de um outro restaurante, de forma a se tornar mais apelativo, o que levou a que Todd fosse induzido em erro ao associar e, de certa forma, traduzir o símbolo de acordo com a sua realidade e com aquilo que lhe era familiar, fazendo assim uma associação baseada nos seus referentes culturais.

Ao longo do filme vão-se tornando óbvias uma série de diferenças culturais, nomeadamente o valor dado à família. Todd vive sozinho em Seattle, sendo o seu contacto com os pais bastante reduzido. Em contrapartida, Puro não compreende como é que ele pode ter tão pouco contacto com os pais e acha estranho a família não viver toda junta. Outro aspeto de contraste entre as duas culturas é a importância que se dá aos bens materiais. Vendo a insatisfação de Todd quanto ao seu trabalho e à empresa, Puro pergunta-lhe porque é que ele não opta por mudar de vida. Após um momento de ponderação, Todd responde-lhe: "No meu mundo, faz todo o sentido esfalfarmo-nos a trabalhar e contrair uma dívida de crédito só para ter um plasma de 50 polegadas". Para Puro, a felicidade estaria em encontrar um novo emprego que o realizasse, ao passo que Todd está habituado a que o bem-estar de um indivíduo seja diretamente proporcional ao seu poder de compra e aos bens materiais que possui.

A questão da construção da identidade numa sociedade multicultural está também presente no filme *Tradição é Tradição* (*East is East*). Realizado em 1999, centra-se na história de uma família que vive em Inglaterra, em que o pai, George Khan, é um emigrante paquistanês muçulmano e a mãe, Ella, é uma anglo-irlandesa católica. Por terem sido criados em Inglaterra, a identidade dos sete filhos do casal é definida pela cultura inglesa, e eles sentem-se cada vez mais afastados dos valores paquistaneses que o pai lhes tenta incutir. Com esta obra cinematográfica, fica demonstrado que a cultura e, consequentemente, o contexto sociocultural são elementos preponderantes na formação da identidade de um indivíduo. É o que afirma o filho Tariq, numa discussão com George: "Não sou paquistanês, nasci aqui. Falo inglês, não urdu". Torna-se assim evidente que, apesar de o pai tentar perpetuar as tradições paquistanesas, o meio envolvente em que os filhos foram criados teve um peso maior na formação da sua identidade, ao mesmo tempo que demonstra a importância da língua como uma parte integrante da cultura.

Este princípio é explicitado pelo analista Gordon Mathews quando defende que a identidade é moldada culturalmente, e que uma formação cultural diferente provoca um diferente modo de percecionar o mundo (2000: 12). Na verdade, os problemas identitários estão igualmente presentes em George. Por um lado, como emigrante, sente que não é completamente aceite pela comunidade inglesa e, por outro lado, apercebe-se de que também já não está tão bem inserido na comunidade paquistanesa como antes, encontrando-se assim num limbo, sem saber que cultura é a sua.

A necessidade de pertença a um grupo como forma de definir a sua identidade é o grande motor das acções de George, o que o torna bastante intransigente. As suas decisões baseiam-se não na felicidade dos filhos, mas no que será considerado aceitável pela comunidade paquistanesa. Apesar de o filme recorrer ao humor como forma de amenizar algumas das consequências do choque cultural, torna-se evidente que a cultura paquistanesa, personificada na figura de George, acaba por ser retratada de forma mais negativa e estereotipada. Assim, é possível concluir que a comunicação intercultural fica ameaçada não pelas diferenças linguísticas, mas pelas diferenças culturais, quando estas são acentuadas.

Também a comunidade grega, com as suas estereotipadas particularidades, não foi esquecida pela indústria cinematográfica. O filme *Viram-se Gregos para Casar* (*My Big Fat Greek Wedding*), realizado em 2002, centra-se no contacto entre a cultura grega e a cultura americana, chamando a atenção para os choques culturais que daí advêm. Convém notar que a tradução do título em português utiliza uma expressão idiomática inexistente no original inglês, pelo que à informação de teor denotativo de o filme ser sobre gregos se acrescenta o significado conotativo de o casamento envolver o ultrapassar de muitas dificuldades.

Ao longo do filme existem diversos mal-entendidos a nível linguístico, como o patente em relação a "musse de caca",[17] para "moussaka", e trocadilhos de ordem vária. Provavelmente para acentuar o registo de comédia, em alguns momentos assiste-se a um exagero no que diz respeito à forma como a cultura grega é representada. O excesso é utilizado não só como um mecanismo para tornar mais visíveis os estereótipos culturais muitas vezes associados aos gregos, mas também para marcar a diferença de gerações entre os valores tradicionais dos mais velhos e as atitudes dos mais novos. Veja-se, por exemplo, a forma como a mulher grega é retratada, ao ter como único propósito cuidar da casa e da família, ignorando qualquer carreira profissional. O pai de Toula Portokalos, Gus, está convicto de que não há necessidade de ela prosseguir os estudos pois já é suficientemente esperta para uma rapariga. Aliás, de acordo com a perspetiva crítica de Toula, que permanece solteira aos 30 anos, os únicos objectivos de vida da mulher grega são casar com homens gregos, fazer bebés gregos e dar de comer a todos, até ao dia da morte. No entanto, o espectador apercebe-se de que esta situação não corresponde exatamente à realidade quando a mãe de Toula lhe explica que o homem é a cabeça, mas a mulher é o pescoço que faz virar a cabeça para o lado que quer.

À semelhança de algumas das obras cinematográficas supramencionadas, as diferenças culturais mais notórias neste filme estão relacionadas com aspetos ligados à família e religião. A família grega, muito mais numerosa e expansiva, contrasta claramente com a família americana, em que o núcleo familiar é mais restrito e as relações interpessoais menos profundas. A questão é muito visível no dia do casamento, em que a família de Toula enche todos os bancos da igreja reservados aos convidados da noiva, ao passo que os convidados do noivo se limitam aos três primeiros bancos. No tocante à religião, esta é vista como um aspeto indissociável da cultura grega. O noivo americano de Toula, Ian Miller, não apresenta qualquer entrave em batizar-se de acordo com os costumes da Igreja ortodoxa grega, visto que foi criado no seio de uma família em que a religião não é significativa. Por outro lado, se Ian tivesse decidido não se batizar, estaria impedido de se casar com Toula, o que mostra a diferença da importância da religião no

---

[17] A tradução/legendagem foi realizada por Correia Ribeiro.

quotidiano destas duas culturas. A título de curiosidade, refira-se que os convidados do noivo também não entendem que se cuspa na cauda do vestido da noiva, para dar sorte e afastar o diabo.

O filme transmite desde o início, e sobretudo através de Gus Portokalos, o orgulho de se ser grego. Quando conhece o noivo da filha, e para este não o entender, Gus comenta na sua língua: "O meu povo já escrevia filosofia quando o teu se pendurava em galhos". Quanto à família de Ian, Gus compara-a com "uma torrada, sem mel, sem compota, seca". Este comportamento dá lugar a uma mudança de atitude, expressa em inglês no copo-d'água: "A raiz da palavra Miller é uma palavra grega. Miller vem do grego "millo", que significa "maçã". O nosso nome Portokalos vem da palavra grega "portokali", que significa "laranja". Somos diferentes, mas somos todos fruta".

Com efeito, a comunicação intercultural que se desenvolve entre as diversas personagens obriga a que todos tenham de analisar e repensar os seus padrões culturais, ficando munidos de um maior conhecimento sobre hábitos e costumes a que estavam alheios. Gus é obrigado a adotar uma atitude mais permissiva em relação ao Outro ao aceitar Ian na sua família, Ian é levado a aceitar e a ver como sua a família de Toula, e a própria Toula passa a ver a sua própria cultura com outros olhos. Por conseguinte, esta obra cinematográfica corrobora um aspeto essencial da comunicação intercultural: para além de permitir que os indivíduos se apercebam das especificidades de uma cultura estrangeira, o processo comunicativo conduz a um conhecimento mais profundo da própria cultura e de tudo o que a torna única.

Por último, no filme *Terminal de Aeroporto* (*The Terminal*), realizado em 2004, fica patente a importância do conhecimento linguístico num mundo multicultural e o modo como a tradução pode ser vista como uma forma de manipulação. Por motivos políticos, Viktor Navorski acaba por ficar retido no terminal de aeroporto, estando assim impedido de entrar nos Estados Unidos ou voltar ao seu país de origem. Assim sendo, Viktor é obrigado a improvisar uma vida "normal", obviamente condicionada pelas limitações espaciais e linguísticas, visto que ele não fala inglês.

Importa verificar que a tradução é um elemento essencial para que Viktor quebre, de certa forma, as barreiras linguísticas. Com efeito, ele aprende a falar inglês, ainda que com claras limitações a nível gramatical e lexical, através da comparação de dois livros, um escrito em inglês e outro escrito na sua língua materna. Assim, é possível concluir que a criação de uma espécie de tradução paralela por parte de Viktor permite que este aumente os seus conhecimentos da língua inglesa, que até esse momento eram praticamente nulos.

O facto de Viktor passar a dominar a língua inglesa faz com que seja chamado a atuar como intérprete quando um passageiro é retido no aeroporto por estar a transportar medicamentos sem a devida documentação. Inicialmente, Viktor começa por dizer que os medicamentos que o passageiro estava a transportar eram para o pai, mas acaba por afirmar que se enganou e que afinal se tratava de um remédio para um bode. Estando a par da legislação americana, ele sabe que os medicamentos sem prescrição médica apenas são aceites se forem destinados a animais. Desta forma, utiliza as suas limitações linguísticas como desculpa para o seu alegado erro de tradução. O responsável pelo funcionamento do aeroporto não tem outra alternativa a não ser libertar o passageiro, visto que apesar de saber que Viktor mentiu, como não domina a língua do passageiro não pode provar que não estão a dizer a verdade.

Na legendagem do filme, é possível notar que o tradutor/legendador optou por manter as incorreções linguísticas e gramaticais de Viktor, conservando assim a estranheza do discurso do mesmo. Por exemplo, quando ele diz "Amelia, would you like to get eat to bite", hesitando entre "eat to bite" e "bite to eat", torna-se óbvia a errónea utilização da expressão "get a bite". O tradutor optou por "Amelia, gostaria de "morder" algo?", para manter uma certa incorreção lexical. Da mesma forma, quando Viktor pergunta "Officer Torres, have you been ever in the love?", o tradutor optou por: "Agente Torres, já apaixonou?".[18]

---

[18] Na televisão não é indicada a autoria da tradução/legendagem, ao passo que no DVD é de Carlos Valentim. Este optou por "Alguma vez se apaixonou?", não transmitindo a incorreção gramatical, e por "Amelia, quer ir dar uma "dentadinha"? Comer qualquer coisinha?".

Esta cena em particular, bem como todo o filme em geral, demonstra a importância do papel do tradutor enquanto mediador linguístico e o modo como a tradução constitui de facto "um lugar estranho" — propício a situações de encontro e desencontro — pois pode representar uma forma de manipulação, principalmente se o leitor/recetor não dominar a língua de partida, não tendo assim forma de saber se a informação contida na tradução corresponde efetivamente à mensagem do texto de partida.

3. Reflexões finais

A análise teórica e prática realizada neste texto permitiu verificar
que a tradução proporciona novas e surpreendentes descobertas.
Com efeito, o contacto cada vez maior entre os povos leva a que,
por um lado, se fique mais ciente das diferenças culturais e linguísticas, mas, por outro lado, estas sejam reconhecidas e valorizadas na sua especificidade. Como se pôde observar, o sucesso ou
insucesso da comunicação entre culturas está dependente de uma
série de fatores. Ter consciência destes mesmos fatores é um elemento essencial para o bom entendimento entre os membros de
diferentes realidades linguísticas e culturais. A língua é um aspeto
essencial da cultura, mas o conhecimento linguístico não garante
que o processo comunicativo seja frutífero e eficaz para ambas as
partes. Um conhecimento abrangente da realidade extralinguística
é uma condição *sine qua non* para o entendimento entre indivíduos de diferentes contextos socioculturais.

Sendo a tradução, como foi demonstrado, uma forma de comunicação intercultural, é imprescindível que o tradutor domine a língua de chegada e simultaneamente conheça o público para o qual
está a traduzir, bem como a função do texto que está a traduzir, de
modo a ultrapassar dificuldades comunicacionais e tradutórias de
ordem pragmática. Com efeito, o que funciona para um determinado público pode não resultar para um público diferente, visto
que cada indivíduo é produto da sua própria cultura. No entanto,
para quem não está diretamente inserido no mundo da tradução,
parece continuar a existir a noção de que, para se traduzir, o único
pré-requisito necessário é conhecer a língua de partida e a língua
de chegada, sendo assim ignorada a importância dos aspetos culturais e também a especificidade que é ditada pelas características
que cada texto apresenta. É, pois, compreensível a necessidade
que existiu e que existe, na área dos Estudos de Tradução, de valorizar os aspetos culturais, deixando de se considerar a tradução
como uma mera transposição linguística.

Ao dar-se maior relevo aos aspetos culturais está também a valori-
zar-se o papel do tradutor, enquanto profissional e enquanto mediador linguístico e cultural. O tradutor é uma peça-chave do processo comunicativo, permitindo que a comunicação intercultural

possa ser concretizada, facilitando assim o contacto e o entendimento entre culturas. O facto de os indivíduos estarem cada vez mais próximos, devido ao desenvolvimento exponencial das novas tecnologias, faz com que a figura do tradutor/mediador seja cada vez mais necessária nesta aldeia global ou nova Babel em que todos nós habitamos.

Esta reflexão permite também concluir que as questões tradutórias estão implícitas aos problemas de comunicação. Como é possível observar através do *corpus* selecionado, sempre que existe uma falha ou barreira comunicativa, causada por motivos linguísticos e/ou culturais, o processo tradutório é igualmente afetado. O mesmo é dizer que, quando se verifica a ocorrência de problemas de comunicação intercultural, existem problemas tradutórios. Consequentemente, é possível afirmar que a vertente comunicativa e a vertente tradutória são indissociáveis. A análise das obras cinematográficas, em particular, permite abordar estas questões de forma mais visível e direta.

Assim sendo, é pertinente analisar o modo como os problemas de tradução são resolvidos por parte do tradutor, seja ele uma personagem de um filme ou de um livro, ou um tradutor "real" que tem obrigatoriamente de encontrar soluções de forma a superar os problemas comunicativos que se refletem a nível tradutório. Também é possível concluir que a pragmática, e especialmente a pragmática transcultural, ao se debruçar sobre a forma como os diferentes atos de fala se concretizam em realidades linguísticas e culturais diferentes, constitui uma ferramenta essencial para o sucesso do processo de tradução. Com efeito, tanto a tradução como a pragmática transcultural procuram desvendar o sentido implícito daquilo que é dito.

Em suma, este capítulo pretendeu sublinhar a importância da pragmática transcultural no domínio das Ciências Sociais e Humanas, estabelecendo a sua relação com as áreas da Linguística e dos Estudos Interculturais, entre outras. Deste modo, foram abordadas questões de comunicação e de mediação em diferentes contextos linguísticos e situacionais, com o intuito de analisar e discutir problemas de tradução da língua/cultura de partida para a língua/cultura de chegada e as opções tomadas pelo tradutor. Procurou-se, por conseguinte, comprovar que a pragmática e a inter/transculturalidade nos fazem sentir perdidos e achados na tradução como um "lugar estranho" e especial, que reúne em si todas as dificuldades e os desafios inerentes aos atos de comunicação.

Referências Bibliográficas

Aijmer, Karin. *Contrastive Pragmatics*. Amsterdan/Philadelphia: John Benjamins, 2011.

Bachmann-Medick, Doris. "Meanings of Translation in Cultural Anthropology". *Translating Others*. Vol. I. Ed. Theo Hermans. Manchester: St. Jerome, 2006. 33-42.

Bankhead, Amy Glauser. "The Translator's (In)Visibility in Patchett's *Bel Canto*". Dissertation Master of Arts. Utah: University of Brigham Young, 2005. Web. 2 Jan. 2013. <http://pt.scribd.com/doc/51716723/On-Bel-Canto>.

Barron, Anne. *Acquisition in Interlanguage Pragmatics: Learning How to Do Things With Words in a Study Abroad Context*. Amsterdam/Philadelphia: John Benjamins, 2001.

Bassnett, Susan. *Translation Studies*. London and New York: Routledge, 2002 (1980).

Bassnett, Susan e André Lefevere. *Constructing Cultures: Essays on Literary Translation*. Clevedon: Multilingual Matters, 1998.

Bender, Steven W. *Greasers and Gringos: Latinos, Law and the American Imagination*. New York: University Press, 2003.

Brown, Penelope e Stephen C. Levinson. *Politeness: Some Universals in Language Usage*. Cambridge: Cambridge University Press, 1987 (1978).

Budd, David H. *Culture Meets Culture in the Movies: An analysis, East, West, North and South with Filmographies*. North Carolina: McFarland & Company Inc., 2002.

Burke, Peter. "Translating Knowledge, Translating Cultures". *Kultureller Austausch: Bilanz und Perspektiven der Frühneuzeitforschung*. Ed. Michael North. Köln/Weimar: Böhlau Verlag, 2009. 69 -77.

Burke, Peter e Ronnie Po-Chia Hsia. *Cultural Translation in Early Modern Europe*. Cambridge: Cambridge University Press, 2007.

Carbonnel, Ovidio. "The Exotic Space of Cultural Translation". *Translation, Power and Subversion*. Ed. Román Alvarez e M. Carmen-Africa Vidal. Clevendon/Philadelphia/ Adelaide: Multilingual Matters, 1996. 79-98.

Carvajal, Marcelo. *Japanese for the Mind: A Journey for your Neurons*. Bloomington, Indiana: AuthorHouse, 2010.

"Chinglish on Broadway". Web. 30 Jan. 2014.
<http://broadwaysbestshows.com/show/Chinglish>.

"Complete A to Z of Janglish (Japanese English). Web. 30 Jan.
2014.
<http://tefltastic.wordpress.com/2011/09/24/janglish-
dictionary>.

Croker, Charlie. *Lost in Translation: Misadventures in English
Abroad*. London: Michael O'Mara Books Limited, 2007
(2006).

_____. *Still Lost in Translation: More Misadventures in English
Abroad*. London: Arrow Books, 2008 (2007).

Crowley, John. *The Translator*. New York: HarperCollins Publishers, 2002.

Day, Kiku. "Totally Lost in Translation". *The Guardian*. 24 Jan.
2004. Web. 2 Jan. 2013.
<http://www.guardian.co.uk/world/2004/jan/24/japan.fi
lm>

"Engrish.com". Web. 30 Jan. 2014. <http://www.engrish.com>.

Goddard, Cliff e Anna Wierzbicka. "Keywords, Culture and Cognition". *Philosophica*, 55, 1995. 37-67.

Gudykunst, William. *Theorizing About Intercultural Communication*. London: Sage Publications, 2005.

Hatim, Basil. "Pragmatics". *Routledge Encyclopedia of Translation Studies*. Ed. Mona Baker e Gabriela Saldanha. London
and New York: Routledge, 2009. 204-208.

Hatim, Basil e Jeremy Munday. *Translation: An Advanced Resource Book*. London and New York: Routledge, 2004.

Herbert, Martin. *Developmental Problems of Childhood and Ado-
lescence: Prevention, Treatment and Training*. London:
Blackwell Publishing, 2005.

Hoffman, Eva. *Lost in Translation: A Life in a New Language*.
New York: Penguin Books, 1989.

Holliday, Adrian, Martin Hyde e John Kullman. *Intercultural
Communication: An Advanced Resource Book*. London
and New York: Routledge, 2004.

Hongwei, Chen. *"Cultural Differences and Translation"*. *Meta:
Translators Journal*, 44, 1999. 121-132. Web. 2 Jan. 2013.
< http://id.erudit.org/iderudit/002224ar>

House, Juliane. *Translation Quality Assessment: A Model Revis-
ited*. Tübingen: Gunter Narr Verlag, 1997.

_____. *Translation*. Oxford: Oxford University Press, 2009.

Huang, Yan. *Pragmatics*. Oxford: Oxford University Press, 2007.

Hudson, Thom, Emily Detmer e James D. Bown. *A Framework for Testing Cross-Cultural Pragmatics*. Honolulu: University of Haway Press, 1992.

Just, Ward. *The Translator*. New York: Houghton Mifflin Company, 1991.

Katan, David. *Translating Cultures: An Introduction for Translators, Interpreters and Mediators*. Manchester: St.Jerome Publishing, 1999.

Kittel, Harald. "Inclusions and Exclusions: The 'Göttingen Approach' to Translation Studies and Inter-Lineary History". *Translating Literatures, Translating Cultures: New Vistas and Approaches in Literarary Studies*. Ed. Kurt Mueller e Micahel Irmscher. Berlin: Erich Schmidt Verlag, 1998. 3-13.

Kramsch, Claire. *Language and Culture*. Oxford: Oxford University Press, 2010 (1998).

Levinson, Stephen C. *Pragmatics*. Cambridge: Cambridge University Press, 1983.

Levý, Jery. "Translation as a Decision Process". *The Translator Studies Reader*. Ed. Lawrence Venuti. London and New York: Routledge, 2000. 148-159.

Mathews, Gordon. *Global Culture / Individual Identity: Searching for Home in the Cultural Supermarket*. London and New York: Routledge, 2000.

Munday, Jeremy. *Introducing Translation Studies: Theories and Applications*. London and New York: Routledge, 2006.

Newmark, Peter. A *Textbook of Translation*. New York: Prentice-Hall International, 1988.

Nida, Eugene A. "Principles of Correspondence". *The Translator Studies Reader*. Ed. Lawrence Venuti. London and New York: Routledge, 2000. 127-140.

Nord, Christiane. "Translating for Communicative Purposes across Culture Boundaries". *Journal of Translation Studies* 9(1), 2006. 43-60.

Novinger, Tracy. *Intercultural Communication: A Pratical Guide*. Austin: University of Texas Press, 2001.

Patchett, Ann. *Bel Canto*. New York: HarperCollins Publishers, 2001.

Poulin, Jacques. *La Traduction est une Histoire d'Amour*. Leméac: Actes Sud, 2006.

Preta, Teresa Antunes Barata Robalo da. "O Princípio Minimax: Um Estudo de Caso na Tradução para Legendagem". Dissertação de Mestrado em Tradução. Lisboa: Universidade Nova de Lisboa, Faculdade de Ciências Sociais e Humanas, 2009.

Pym, Anthony. *Exploring Translation Theories*. London and New York: Routledge, 2010.

_____. *Translation and Text Transfer: An Essay on the Principles of Intercultural Communication*. Tarragona: Intercultural Studies, 1992.

Ramos, Iolanda. "Translating Cultures: The Pragmatics of Translation and Intercultural Communication". *Letras e Ciências: As Duas Culturas de Filipe Furtado*. Ed. Carlos Ceia *et al*. Casal de Cambra: Caleidoscópio, 2009. 433-441.

_____. "Undemonizing the Other: Intersemiotic Translation, Contrastive Pragmatics and the Search for the Cross-Cultural Self". *Várias Viagens: Estudos Oferecidos a Alfred Opitz*. Ed. Fernando Clara *et al*. Vila Nova de Famalicão: Húmus, 2011. 415-436.

Ribeiro, Raquel Sofia Serafim. "A Tradução é um Lugar Estranho: Comunicação, Mediação e Pragmática Transcultural". Dissertação de Mestrado em Tradução. Lisboa: Universidade Nova de Lisboa, Faculdade de Ciências Sociais e Humanas, 2013.

Rubel, Paula G. e Abraham Rosman. *Translating Cultures: Perspectives on Translation and Anthropology*. Oxford and New York: Berg, 2003.

Samovar, Larry, Richard E. Porter e Edwin R. McDaniel. *Communication Between Cultures*. Boston: Wadsworth, 2010.

Schleiermacher, Friedrich. "On the Different Methods of Translating". *Theories of Translation: An Anthology of Essays From Dryden to Derrida*. Trad. Waltraud Bartscht. Ed. Rainer Schulte e John Biguenet. Chicago: University of Chicago Press, 1992. 36-54.

Simpson, James. *The Routledge Handbook of Applied Linguistics*. London and New York: Routledge, 2011.

Snell-Hornby, Mary. *Translation as Integrated Approach*. Amsterdam/Philadephia: John Benjamins,1995 (1988).

Snell-Hornby, Mary, Jettmarová, Zuzana e Kaindl, Klaus. *Translation as Intercultural Communication*. Amsterdam/Philadelphia: John Benjamins, 1997.

Stone, Chris. *Lost in Translation: The English Language Taken Hostage at Home and Abroad*. London: Portico Books, 2012.

Sturge, Kate. "Cultural Translation". *Routledge Encyclopedia of Translation Studies*. Ed. Mona Baker e Gabriela Saldanha. London and New York: Routledge, 2009. 67-70.

Thomas, Jenny. "Cross-Cultural Pragmatic Failure". *Applied Linguistics*, 4(2), 1983. 91-112. Web. 2 Jan. 2013. <doi: 10.1093/applin/4.2.91>.

Toury, Gideon. *Descriptive Translation Studies and Beyond*. Amsterdam/Philadelphia: John Benjamins, 1995.

Trosborg, Anna. *Interlanguage Pragmatics: Requests, Complaints and Apologies*. Berlin: Walter de Gruyter, 1994.

Veiga, Maria José Alves. "O Humor na Tradução para Legendagem". Tese de Doutoramento em Tradução. Aveiro: Universidade de Aveiro, 2006.

Venuti, Lawrence. *The Scandals of Translation: Towards an Ethics of Difference*. London and New York: Routledge, 1998.

_____. *The Translator's Invisibility: A History of Translation*. London and New York: Routledge, 1995.

_____. "Strategies of Translation". *Routledge Encyclopedia of Translation Studies*. Ed. Mona Baker. London and New York, Routledge, 2001.

Wharton, Tim. *Pragmatics and Non-Verbal Communication*. Cambridge: Cambridge University Press, 2009.

Wierzbicka, Anna. *Cross-Cultural Pragmatics: The Semantics of Human Interaction*. Berlin: Walter de Gruyter, 1991.

Yule, George. *Pragmatics*. Oxford: Oxford University Press, 1996.

Filmografia

O Amor Acontece (*Love Actually*). Realizado por Richard Curtis. Universal Pictures and Studio Canal, 2003.

O Amor é um Lugar Estranho (*Lost In Translation*). Realizado por Sofia Coppola. Focus Features, 2003.

Contraluz (*Backlight*). Realizado por Fernando Fragata. Virtual Audiovisuais, 2010.

Despachado para a Índia (*Outsourced*). Realizado por John Jeffcoat. ShadowCatcher Entertainment, 2006.

Espanglês (*Spanglish*). Realizado por James L. Brooks. Columbia Pictures, 2004.

Só os Tolos se Apaixonam (*Fools Rush In*). Realizado por Andy Tennant. Columbia Pictures, 1997.

Terminal de Aeroporto (*The Terminal*). Realizado por Steven Spielberg. DreamWorks Pictures, 2004.

Tradição é Tradição (*East is East*). Realizado por Damien O'Donnell. Channel Four Films, 1999.

Viram-se Gregos para Casar (*My Big Fat Greek Wedding*). Realizado por Joel Zwick. Gold Circle Films, 2002.

Teresa Costa Alves
(FCSH/NOVA | UM)
Transcriação:
Tradução criativa no texto publicitário

Introdução*

> *A transcriação é uma práxis de tradução radical.*
> Haroldo de Campos (1981: 185)

A transcriação não é apenas uma prática de tradução criativa. Trata-se de uma intensa experiência tradutória, fundamentada nas inúmeras possibilidades de exploração das línguas vivas e das culturas vividas. É num episódio pessoal que a transcriação enquanto estratégia tradutória de intersecção entre culturas se revela da mais intensa relevância. Em 2007, ano em que desempenhei funções como *Transcreation Project Manager* numa agência de transcriação londrina, denominada *Native*, fiz uma viagem até à China. Durante o percurso de Hong Kong até Yangshuo, zona montanhosa no interior do sudoeste chinês, o autocarro onde seguia teve uma avaria, a qual demoraria cerca de uma hora e meia a ser reparada. Nesse tempo, em que todos os passageiros foram obrigados a permanecer junto ao veículo, numa bomba de gasolina situada à beira da estrada, houve uma divisão automática em dois grupos. No primeiro, os orientais, que permaneceram sempre junto à viatura, observando atentamente a reparação dos danos; no segundo, os ocidentais, que se deslocaram até ao interior da loja de conveniência da bomba de gasolina para conversar e beber cerveja. Assim aconteceu o meu primeiro choque cultural, num país cujos padrões culturais são quase tão distintos dos nossos como a sua língua.

Nesta profissão, fui responsável pela gestão de projetos de tradução criativa de campanhas publicitárias, em que a tradução se desejava livre, criativa, idiomática e o mais apelativa possível. O serviço oferecido por esta agência consistia na adaptação do texto original – normalmente em inglês – para uma série de línguas, correspondente à diversidade de mercados internacionais em que

---

* O texto que aqui se apresenta constitui uma adaptação da dissertação de mestrado "Transcreation: Desafios e potencialidades da tradução do texto publicitário" (Alves, 2012), integralmente revista. A tradução de todos os excertos das obras citadas é da responsabilidade da autora.

o cliente desejava implementar a sua campanha. O objetivo da adaptação consistia em integrar, no texto de chegada, o conceito de *marketing* subjacente à campanha publicitária do texto de partida. Para que seja possível concretizar essa adaptação nas melhores práticas de equivalência, é redigido um *briefing*, no qual se explicam os conceitos e metas da campanha, que é enviado para todos os tradutores dos diferentes mercados, aquando do lançamento do projeto de tradução.

Dado tratar-se de um tema pouco abordado nos Estudos de Tradução, é ainda insuficiente o aparato teórico existente. Deste modo, espera-se que o presente estudo possa contribuir não só para uma clarificação epistemológica, mas também para a consciencialização das potencialidades de implementação da transcriação no mercado de tradução em Portugal. Tratando-se também de uma área da tradução amplamente desconhecida no campo no meio académico, espera-se que este estudo contribua para o enriquecimento dos Estudos de Tradução.

1. O conceito de transcriação: da tradição tradutória literária indiana ao reconhecimento pós-moderno dos mercados

Na Antiguidade na Índia, não há registos de qualquer teoria da tradução específica, já que escrita criativa e tradução nunca foram consideradas processos em separado.
Gopinathan 2006: 236

Tal como o próprio ato de "transcriar", a génese do termo transcriação remonta à tradição da tradução literária praticada na Índia, país caracterizado por uma profunda intersecção cultural e linguística, de raízes hindus e inglesas, intersecção essa que a estratégia da transcriação tentou resolver. Etimologicamente, é uma palavra resultante da justaposição entre as palavras inglesas *translation* e *creation*[1]. No entanto, pensa-se que o surgimento deste termo (ou, pelo menos, a sua primeira utilização) terá acontecido na Índia, ex-colónia britânica onde a língua inglesa ainda hoje apresenta um forte enraizamento cultural, também na área dos negócios e no domínio comercial. Na Índia não existia uma teoria da tradução assumida como tal, pois escrita criativa e tradução não constituíam processos separados. Constata-se assim que a *transcriação* era, efetivamente, o *modus operandi* da tradução literária na Índia pré-moderna.

Apenas nos anos 70 do século XX constituiu-se uma teoria tradutológica com fundamento académico, permitindo distinguir os

---

[1] Segundo a agência de transcriação londrina Text Appeal, a etimologia da palavra *transcreation* está dividida em duas partes: "Etimologia 1: Junção de "translation" e "creation"; (...) A adaptação de um trabalho criativo para outra língua ou cultura. Etimologia 2: "transcreate" + "-ion", "trans-" + "creation" ou do francês "transcreation" (...) (filosofia, teologia) Um tipo de criação por parte de uma divindade ou força suprema." (*In* Wikipedia). Esta definição da Text Appeal remete para uma problematização da definição do conceito em duas etimologias distintas, sendo necessário refletir sobre qual a etimologia (logo, a origem e sua aplicabilidade) que se relaciona com o contexto da tradução do texto publicitário. Neste caso, é a etimologia 1 que interessa à temática do presente estudo, pois o texto publicitário demarca-se pelo seu carácter criativo. Em relação à etimologia 2, esta inclui-se no domínio da filosofia e, como tal, extravasa o âmbito desta obra.

diferentes tipos de tradução e definir a prática da transcriação como a estratégica primordial da tradição indiana, remontando ao estilo de tradutores do século XVI, como Tulsidas. A atividade da transcriação posicionava-se, nos anos 70, como uma técnica enraizada na cultura literária indiana, ainda desconhecida no resto do mundo. Tratava-se de uma atividade maioritariamente utilizada na tradução de textos literários esotéricos com forte ligação ao espiritualismo da religião hindu. No Ocidente, o conceito de transcriação parece ter chegado mais tarde aos Estudos de Tradução.

Govindapanicker Gopinathan (2006), filósofo e académico indiano que se dedicou com intensidade ao estudo da origem da tradição tradutória na Índia, analisou extensivamente a história da transcriação na Antiguidade indiana, e é referido na contextualização realizada por Elena Di Giovanni:

> As origens do termo transcriação remontam a um passado distante, do tempo das primeiras traduções dos textos sagrados indianos. Na verdade, a palavra parece ter sido adoptada com referência à prática antiga da tradução criativa do Sanskrit (...) Este processo permitiu um número de alterações radicais aos textos originais, as quais excederam o conceito de "tradução propriamente dita" na época, e ainda hoje, na forma como é percepcionada no campo dos Estudos de Tradução. (2008: 33)

Na Antiguidade, as traduções realizadas na Índia entre línguas clássicas de povos aliados, como o Sanskrit[2] e o Prakriti[3], denominavam-se por chaya chaya, o que significa "tradução enquanto sombra do texto original" (Gopinathan 2006: 236). Assim, já na Antiguidade se observava a tradução como um processo de dupla valência. Tanto se podia crer que na tradução prevalecia a literalidade, através da qual era obtido um texto de chegada semelhante ao texto de partida, sem preocupações de forma ou estilo, apenas centrado no referente e na sua deslocação de uma língua para a outra, evitando a perda de informação; como se poderia assumir a tradução enquanto uma transferência resultante num texto distin-

---

[2] O sanskrit é a língua indo-ariana, conotada como a linguagem litúrgica histórica do Hinduísmo e Budismo.

[3] O prakriti é um dos dialetos da forma mais arcaica da língua indo-ariana.

to do original, já que uma sombra nunca se assemelha totalmente ao corpo que a cria.

Na verdade, a origem das referências a práticas de transcriação na Índia remonta ao tempo das histórias religiosas da casta *Chakyars*[4], contadas através de um processo de narração de histórias designado por *Katha*[5]. A interpretação dos textos antigos caracterizava-se pela criatividade, de forma a que a sua apresentação ao leitor fosse efetiva e, ao mesmo tempo, estética. Os tradutores medievais indianos, tais como Tulsidas[6] e a sua tradução do poema épico indiano *Ramayana*, auxiliavam-se de um processo de reescrita da obra original para o seu dialeto regional. Registos provam também que existiu um processo criativo na recolha de materiais de outras origens, cujo objetivo parece ser puramente a gratificação individual do tradutor (Gopinathan 2006). Por conseguinte, a origem da prática da transcriação parece estar intimamente ligada às primeiras traduções de obras religioso-espirituais entre idiomas clássicos indianos.

> *No início do século XX, o termo "transcriação" foi revisto por uma série de escritores indianos, especialmente pelo poeta e tradutor P. Lal que, em linha com a sua definição original, definiu transcriação como "tradução não literal, com elevado nível de leitura" (Kothari 2003: 36) e utilizou-a nas suas próprias traduções de textos como Shakuntala e Bhradaranyaka Upanishad. Mais recentemente, o conceito de transcriação foi aplicado por académicos indianos ao estudo da tradução de novas perspetivas, ancorada no pós-colonialismo e frequentemente carregada de conotações sociopolíticas. (2008: 34)*

---

[4] *Chakyar* significa "dar expressão a palavras dignas de louvor".
[5] Estilo indiano de narração de histórias religiosas, cujas *performances* constituem um ritual do Hinduísmo. Os responsáveis por esta narração são designados por *kathavahchak* ou *vyas* e têm por hábito o relato de textos religiosos hindus, como *Puranas*, *Ramayana* ou *Bhagavata Purana*. A esta narração era comum seguir-se um comentário ao texto.
[6] Poeta, filósofo e santo Hindu, reconhecido pelo seu carácter reformista e pela sua devoção ao deus Rama. É o autor do épico *Ramcharitmanas*, uma reescrita do texto religioso *Sanskrit Ramayana* (comummente referido como "a Bíblia do Norte da Índia") no vernáculo Awadhi, falado sobretudo na província nordestina de Uttar Pradesh.

Tendo em consideração o domínio espiritual da tradução na Índia, e as obras de autores como Gopinathan (2006) e Purushottama Lal (1972), conclui-se que a raiz do conceito de transcriação remete para uma referência à tradução criativa de textos transcendentais – espirituais, de cariz esotérico e metafísico –, ou seja, para a seguinte origem etimológica: *trans*(cendental) + *creation* = *transcreation*. Ao servir a espiritualidade dos textos hindus, denota-se na transcriação o enraizamento de uma forte componente cultural e religiosa, que também tem de ser traduzida. O investigador e ativista social Sujit Mukherji prefere referir-se-lhe através da expressão "tradução enquanto uma nova escrita" (1981 *apud* Gopinathan 2006: 236) mas Gopinathan afirma que, na generalidade, transcriação é o conceito mais unanimemente aceite para designar as traduções criativas orientadas para a época e para o leitor, as quais marcaram profundamente a tradição na tradução literária indiana após os anos 70.

Na análise da perceção do processo cognitivo de tradução na Índia, Gopinathan (2006) baseia-se na perspetiva de Sri Aurobindo, filósofo, poeta, espiritualista e um dos maiores tradutores indianos de sempre, nascido no final do século XIX. Através da teoria cognitiva do processo tradutório de Sri Aurobindo, surge uma das possibilidades do produto tradutório da transcriação: a oportunidade de melhorar o texto de chegada, dada a liberdade de opções no ato da tradução. Sobretudo no texto poético, o desafio de recriação e reescrita na tradução era enorme. Gopinathan posiciona, ou pelo contrário torna ambígua, a essência da transcriação na fronteira ontológica entre criação/novidade e tradução/referência. Para o filósofo indiano, a transcriação nunca será uma criação totalmente nova porque estará sempre presente uma relação lógica entre o original e o texto traduzido, apesar de soar a uma criação nova (*apud* Gopinathan 2000).

Esta relação lógica, materializada num texto recriado, toma forma na tradução de expressões idiomáticas e ditados populares. Por exemplo, ao traduzir a expressão "in one's shoe" de inglês para português, o tradutor terá de estabelecer um paralelismo entre o sentido do original e uma possível equivalência em português, que neste caso se transferiria através da expressão idiomática "pôr-se na pele de alguém". Logo, a tradução de expressões idiomáticas força o tradutor a compreender primeiro o seu sentido pragmático e, só depois, tentar encontrar a expressão equivalente na língua de chegada – neste caso, a tradução passa para os domínios da semiótica e da pragmática da comunicação. Técnicas como as interpolações, explicações, expansões, sínteses e inovações estéticas pressupõem que o tradutor realizou uma pesquisa sobre o contexto sociocultural da obra, por se tratar de frutos da reflexão e do comentário do tradutor.

> *O apelo da transcriação é amplo, já que pode ser utilizado como um engenho para destronar o mito da intraduzibilidade. Trata-se de uma abordagem holística na qual uma série de técnicas, incluindo elaboração, interpolação, explicação do valor cultural do texto original, alteração de imagem, recriação de imagem, explicação translativa e elucidação, são possíveis.* (Gopinathan 2006: 237)

Em 1972, referindo-se à transcriação enquanto solução ideal na resolução de questões interdisciplinares, P. Lal reitera o papel ativo do tradutor, que deve editar, conciliar e transformar. Portanto, já nos anos 70, com os Estudos de Tradução ainda em situação de disciplina de estudo embrionária, existia uma consciencialização do sentido de reescrita e equivalência criativa na tradução. Os teóricos indianos mencionados neste capítulo reconhecem que, em determinados géneros textuais e para certos tipos de público-alvo, a tradução teria necessária e categoricamente que se assumir como uma recriação do texto original. Apesar de não constituir um texto novo, dadas as referências inequívocas ao texto original, acabaria por soar a uma criação totalmente nova.

Deste modo, reescrita, versão e transferência criativa parecem ser sinónimos da estratégia de transcriação na tradição da tradução literária na Índia. "O texto transcriado era forçosamente fluente na sua totalidade e, mais importante ainda, totalmente percetível para o seu público-alvo", refere Gopinathan (2002 *apud* Di Giovanni 2008: 33), evidenciando a fluência da tradução como uma das características mais relevantes da transcriação, tanto aplicável ao texto literário como ao texto publicitário.

De forma a alcançar uma definição consensual de transcriação, é essencial cruzar os pressupostos teóricos das várias definições que esta prática tradutória assume na contemporaneidade. Haroldo Campos contribuiu de forma significativa para que o termo transcriação fosse amplamente usado hoje em dia como estratégia tradutória libertária e recriadora, segundo a qual a fluência e naturalidade do texto de chegada se tornam mais importantes do que a fidelidade ao texto de partida. Campos considera a transcriação um ato tradutório que se demarca pela sua radicalidade, característica essa que evidencia ao compará-la a uma transfusão de sangue. Referindo-se à tradução como um processo de doação mútua entre duas línguas e culturas, Haroldo de Campos sugere que, na era moderna, a tradução evoluiu para uma prática intercultural de recriação, recusando a mera transferência linguística baseada na equivalência.

> [...] no espaço do "trans" encontra-se a noção de "tradução como transfusão de sangue" – uma metáfora de ordem antropofágica que posiciona a tradução além da dicotomia partida/chegada e coloca original e tradução numa terceira dimensão, na qual ambos são doadores e receptores. (Vieira 1999: 97)

Presentemente, o conceito de transcriação tem sofrido um afastamento do domínio da tradição tradutória literária que o viu nascer e tem-se aproximado do campo da tradução criativa e livre baseada na equivalência. Aliás, o facto de a transcriação ter sido originária das primeiras traduções dos textos sagrados indianos constitui-a, logo à partida, como uma prática que se modificou ao longo dos tempos. Na abordagem conceptual de Jeremy Munday, as definições existentes de transcriação, assim como de adaptação, localização ou versão, não são capazes de estabelecer uma fronteira que defina os limites da tradução.

> No entanto, tais definições ainda não respondem à questão dos limites da tradução e das fronteiras entre tradução, adaptação, versão e transcriação, entre outros, que apresentam implicações chave nos critérios segundo os quais o texto de chegada é julgado. [...] Tais tentativas contraditórias de definição enfatizam a dificuldade, e até a futilidade, de esperar clarividência naquilo que deve ser observado como um conjunto de estraté-

gias que se assemelha ao abrangente conceito de tradução.
(2009: 7)

Já Mona Baker relaciona o atraso na iniciação dos estudos académicos na área da tradução do texto publicitário com o preconceito existente no próprio meio publicitário face ao termo "tradução". Este preconceito inerente à tradução do texto publicitário poderá, segundo Baker, explicar a utilização de outras nomenclaturas, nomeadamente transcriação, para a tradução em publicidade:

> *Uma das explicações possíveis para a reticência dos primeiros investigadores da tradutologia em abordar a questão da tradução de material publicitário poderá residir na conotação verbal tradicionalmente ligada ao termo "tradução". Esta percepção poderá explicar a razão pela qual a transferência de textos promocionais multimodais entre línguas é frequentemente designada por localização, adaptação ou (menos habitualmente) transcriação ou reescrita. Os dois últimos termos sugerem uma forma de transferência menos preocupada com questões de fidelidade e talvez mais afecta à equivalência funcional e à adequabilidade.* (2009: 7)

Dado que o principal objetivo do texto publicitário é o cumprimento da sua finalidade apelativa, Baker atribui um carácter funcionalista à avaliação do produto final da transcriação e recupera assim o conceito de equivalência dinâmica de Eugene Nida. Aliás, a transcriação, por buscar incessantemente a funcionalidade e a adequação no texto de chegada, radicaliza o conceito de equivalência de Nida[7], libertando o sentido de qualquer tipo de fidelidade terminológica:

> *Subsequentemente, abandonaremos o foco na transferência linguística de forma a considerar fenómenos mais abrangentes, em que as complexidades inerentes aos textos audiovisuais, sua distribuição internacional e os movimentos culturais que geram*

---

[7] Nida desenvolveu na sua obra dois conceitos-chave: a correspondência formal e a equivalência dinâmica. A primeira enfatiza o apelo e conteúdo da mensagem em si; a segunda tem como preocupação recuperar o efeito pretendido pelo texto original. Ao aplicar estes dois conceitos no seu trabalho, o tradutor estaria apto a trazer ao leitor as intenções do texto original.

> *serão reunidos sob a definição de "transcriação".* (Di Giovanni
> 2008: 29)

Ao rejeitar a transferência linguística como paradigma da tradução
e assumir as diversidades culturais como convocadoras de sentido,
Di Giovanni regressa à perspetiva funcionalista de Christiane
Nord: "[...] situações distintas requerem representações diferentes." (2001: 4)[8]. Também Katherine Reiss (1971), através da sua
teoria da tipologia textual[9], remete para a necessidade da adaptação das estratégias tradutórias às especificidades do género textual
a traduzir. Com base na teoria de Reiss, conclui-se então que o
género publicitário, dado o seu carácter apelativo, exigiria práticas
tradutórias associadas a uma maior liberdade criativa.

Na perspetiva das agências de transcriação, o conceito definidor
desta prática tradutória centra-se, em primeiro lugar, na comple-
xidade da atividade profissional da transcriação. Segundo a agência norte-americana ATS, um cliente que adquira um serviço de
transcriação inclui a sua tradução num fluxo de tarefas que asse-
guram a realização e avaliação de todo o processo tradutório. Nessa multiplicidade de tarefas incluem-se a análise de *marketing*
estratégico, através do qual é avaliado o conceito do texto de chegada no mercado publicitário a que se destina; o *copywriting*, isto
é, a criação de um texto original; e a verificação do conceito, ou
seja, a avaliação sobre o impacto que o texto terá na cultura de
chegada.

A agência londrina *ICP* inclui ainda nos serviços de transcriação a
gestão de projetos, através do qual é a agência de tradução a responsável pelos contactos com a agência criativa da campanha publicitária original e com a agência de produção, para comodidade
do cliente. De mencionar também a perspetiva da agência
Wordgym, a qual distingue a transcriação pelo trabalho que faz
em tornar comerciável o texto de chegada. O texto publicitário não

---

[8] Segundo Nord, é apenas a partir do século XX que se inicia uma sistematização
da denominada abordagem funcionalista da tradução.
[9] Na sua obra *Möglichkeiten und Grenzen der Übersetzungskritik: Kategorien
und Kriterien für sachgerechte Beurteilung von Übersetzungen*, Reiss apresenta
o conceito de tipologia textual aplicado à tradução, no qual o tipo de texto vai
determinar o método de tradução mais apropriado.

pode ser apenas traduzido, tem de ajudar a vender, portanto a mensagem do texto de partida deve ser passada de forma poderosa e efetiva.

Na sequência desta linha de ação, a agência escocesa *DCT* promete replicar o impacto do texto de partida na cultura de chegada, acrescentando à transcriação uma obrigação de adaptação cultural. A agência de tradução canadiana *All Languages* refere ainda a aplicabilidade da transcriação a outros géneros textuais, para além do publicitário.

Já a londrina *Text Appeal* estabelece os limites que separam a transcriação de outro tipo de serviços linguísticos e culturais que se lhe assemelham. Transcriação é tradução criativa, mas não só, pois envolve também um serviço de gestão e aconselhamento cultural que ultrapassa as fronteiras da tradução. *Transcreation* é *copywriting* num contexto de multimercados, podendo ser aplicada numa campanha publicitária de um cliente multinacional que deseja anunciar em vários mercados à volta do mundo; no entanto, muitas vezes não é necessário realizar *copywriting*, ou seja, reescrever o texto e criar algo totalmente original. Em muitos casos bastará realizar uma adaptação do texto a um contexto internacional.

Apesar de, atualmente, se tratar de um estilo de tradução recorrentemente aplicado ao género publicitário, a transcriação poderá ser eventualmente aplicada com sucesso a outros textos do tipo operativo. É indubitavelmente, uma forma de internacionalização de determinado texto de partida, sendo para tal frequentemente necessário realizar uma adaptação dos cânones culturais do anúncio para a cultura de chegada. Uma das práticas tradutórias que mais parece assemelhar-se ao conceito de transcriação é a localização, apesar de esta versar sobretudo a tradução de *software* e sítios na Internet. Um tradutor competente e com experiência na área será capaz de distinguir estas práticas e realizá-las de forma adequada:

> *Em defesa de uma indústria da tradução, acredito que um bom tradutor também transcria, localiza e adapta. Tudo isso faz parte do seu trabalho. No entanto, os executivos mais perspica-*

zes reconhecem uma oportunidade em oferecer serviços próximos da tradução, a um preço mais elevado, designando-os por outro termo. Porquê? Na minha opinião, porque a introdução de domínios como o Proz.com, ou até de ferramentas de tradução automática como o Idiom e o Trados GXT, fez com que a tradução soasse a mercadoria. Todavia, transcriação, adaptação ou até localização já soam a um serviço. (Ortiz-Sotomayor 2005: 20)

A empresa de tecnologia Apple é um bom exemplo do cliente-tipo de uma agência de transcriação[10]. Michelle Onizuka, da Universidade Politécnica da Califórnia, menciona o artigo "Apple's Secret to Booming International Sales" na análise da Apple enquanto cliente-estudo de caso da transcriação e dá conta da preferência da marca por esta prática tradutória, assumindo-se como utilizadora deste serviço:

[...] *um processo designado por "transcriação" que permite às empresas a liberdade de abordar questões culturais para além da tradução, de forma a criar algo que capture a essência e o espírito da mensagem, transformando-a em algo relevante e repleto de sentido.* [...] *Esta táctica de grande utilidade tem permitido à empresa um elevado grau de sucesso e tem revelado um entendimento na tradução do seu conteúdo de forma culturalmente transversal. Empresas como a Apple, que mantêm um logótipo simples e icónico, ao mesmo tempo que traduzem as suas campanhas usando a transcriação, observam o crescimento da fidelidade à marca por parte de consumidores em múltiplos mercados em todo o mundo.* (2011: 10)

Neste artigo, a Apple relaciona o sucesso da sua comunicação diretamente à estratégia de tradução adotada nas campanhas publicitárias globais. A associação da transcriação a uma empresa de renome como a Apple, assim como a apologia deste tipo de tradução como uma das armas para o sucesso da comunicação da marca e a fidelização dos clientes, constitui um fator de promoção e difusão desta estratégia tradutória.

---

[10] A Apple é um dos maiores clientes da agência de *transcreation* Native.

Apesar de não existir no meio académico nenhum estudo em profundidade sobre as aplicações da transcriação ao mercado publicitário, a publicidade como género textual que, fruto de um mundo fortemente globalizado, cada vez mais requer serviços de tradução, não foi esquecida por alguns dos maiores investigadores mundiais do domínio dos Estudos de Tradução. Segundo Mona Baker, são raros os estudiosos do texto publicitário no domínio dos Estudos de Tradução. Uma das razões que explica este fenómeno é a natureza globalizante de campanhas publicitárias que se pretendem locais, nomeadamente através da tradução linguística:

> *Outro fator que torna uma análise sistemática do material publicitário conceptualmente difícil de analisar para os investigadores da tradução consiste na prática corrente, adotada por várias empresas multinacionais, de desenvolvimento de campanhas locais a partir de um briefing que evita ao máximo a especificidade cultural. Neste processo – que Adab (2000: 224) denomina "glocalização" – não existe qualquer anúncio ou campanha que possa ser facilmente reconhecido como texto de partida. (2009: 7)*

A transcriação, por se caracterizar por um tipo de tradução que excede os limites linguísticos do texto, envolve também as dimensões imagéticas, estéticas, simbólicas e, consequentemente, incide na área da tradução de culturas. As referidas dimensões integram o que Roman Jakobson denominou "tradução intersemiótica" no seu artigo "Des Aspects Linguistiques de la Traduction" (1959)[11]. Corroborando este tipo de tradução teorizado por Jakobson, Georges Mounin (1963) observa a tradução como uma sequência operacional entre um ponto de partida – o original – e um produto final – a tradução – cujas significações apenas resultam dentro de uma dada cultura. Um dos objetivos da transcriação parece ser a resolução de questões de intraduzibilidade cultural, de forma a representar uma significação inerente à cultura do texto de partida que pode ser desconhecida na cultura de chegada.

---

[11] Neste texto, Jakobson identifica três tipos de tradução: intralinguística, interlinguística e intersemiótica. A atividade tradutória da transcriação pode ativar estes três tipos de tradução num texto de natureza publicitária, dependendo da natureza do anúncio a transferir.

> *Segundo o próprio [Catford], a intraduzibilidade linguística de-*
> *ve-se a diferenças que existem entre a LP e a LC; por seu lado, a*
> *intraduzibilidade cultural deve-se à ausência da cultura da LC*
> *de um traço situacional relevante presente no texto da LP. Cat-*
> *ford recorre ao exemplo dos diferentes conceitos do termo bath-*
> *room no contexto inglês, finlandês ou japonês, nos quais este*
> *equipamento e o modo como é utilizado não são nada seme-*
> *lhantes.* (Bassnett 2003: 64)

Perante estes exemplos práticos de situações, aparentemente, de intraduzibilidade cultural, a transcriação assume-se como uma possível estratégia de tradução de elementos estranhos à cultura de chegada. Elena Di Giovanni (2008) entende que a ligação entre Estudos de Tradução e Estudos Culturais é cada vez mais estreita. Algumas das técnicas da transcriação, como a criatividade, a referência, o comentário ou a nota explicativa, podem ser soluções na transferência de elementos simbólicos e até mesmo de expressões idiomáticas de uma cultura para outra.

De forma a cumprir o objetivo específico da transcriação junto do género textual publicitário de criar um texto de chegada tão, ou até mais, atrativo para o leitor, há quatro elementos essenciais que devem ser providenciados ao tradutor. Para uma tradução de uma campanha publicitária eficiente e adaptada ao contexto onde será inserida, estes quatro elementos devem estar bem definidos no *briefing* que será transmitido pelo cliente à agência de tradução.

2. A agência de transcriação *Native*: o caso inglês

> [...] *o acto da tradução é um acto de transformação da língua e suas*
> *formas poéticas.*
> Manuel Portela (2003: 5)

O tradutor é, em primeira instância, um decisor. O ato tradutório é, antes de mais, uma seleção. As línguas apresentam uma série de hipóteses de formulação de sentido, dependendo de fatores subjetivos, como a intencionalidade do autor, o público a quem se dirige, o objetivo do texto e o seu contexto. É sobretudo no âmbito deste último parâmetro que se engloba a tradução do texto publicitário.

A publicidade é, por excelência, um género textual dependente de fatores pragmáticos. O mais importante será, por excelência, a intencionalidade do autor e do texto; isto é, todo o subtexto que sustenta os moldes pelas quais ela se define. Os objetivos de *marketing* são a base do texto publicitário e visam atribuir certas características a determinados produtos ou associar emoções específicas à marca que anuncia.

A introdução de um estudo de caso na abordagem ao tema da transcriação visa desenvolver a sua componente prática na presente análise, completando as linhas teóricas até agora traçadas e ilustrando-as com o carácter pragmático que a própria transcriação possui. A agência *Native* foi alvo de observação participante e os seus tradutores de entrevistas semiestruturadas, após fundamentar a constatação de que a prática da transcriação está sobretudo ligada a agências de tradução especializadas, que vendem este serviço a empresas de diferentes sectores económicos como um produto inovador, que se move entre as esferas da tradução e do *copywriting*. Há também *freelancers* a oferecer serviços de transcriação, mas parece tratar-se de uma fração minoritária do mercado.

A agência de transcriação *Native* foi fundada em Londres em 2008 por Meritxell Guitart e Dirk Simpson, sob gestão da agência de *marketing* integrado *Hogarth Worldwide*. Menos de quatro anos depois, a *Native* (integrada na *Hogarth*) expandiu-se para Hong Kong, Singapura, Cidade do México e Nova Iorque. No mesmo intervalo de tempo, o número de elementos da equipa passou de 14 para 500, contando com os tradutores *freelancer* espalhados por todo o mundo. A agência prevê a continuidade deste crescimento sustentado, justificando-o com a crescente tendência do mercado empresarial de centralização das estratégias de marketing e sustentabilidade da produção[12]. Foram entrevistados três tradutores que colaboram regularmente, em regime freelancer, com a agência; todos eles de origens distintas: Dimitra Karemperi, da Grécia, Dominika Gauda, da Polónia, e Roland Peiler, da Alemanha. O tipo de tradução com que mais lidam é o texto técnico, sendo os subgéneros mais comuns o legal, o financeiro, o tecnológico, o jornalístico e o publicitário. Parece, pois, ser difícil para um tradutor freelancer realizar transcriação a tempo inteiro, já que os projetos realizados para a *Native* não são suficientes para subsistirem. Aliás, um dos desafios comum aos três tradutores é justamente a gestão dos orçamentos dos projetos de tradução e a busca de remunerações mais elevadas.

Outro dos desafios referidos pelos três tradutores em relação à transcriação é a gestão do tempo, já que nesta área, dizem, os prazos são normalmente apertados, obrigando-os a trabalhar sob pressão. É ainda relevante o desafio de encontrar as palavras certas no ato da transcriação e a atenção ao detalhe, condição essencial para a entrega de um bom produto final e para a satisfação do cliente.

Questionada sobre as características que distinguem a transcriação das outras estratégias tradutórias, Dimitra Karemperi refere a ausência de criatividade e a necessidade de maior rigor na tradução do texto técnico. Segundo Dominika Gauda, a transcriação exige um pensamento mais profundo e prolongado sobre as possibilidades tradutórias, tornando-a uma atividade mais morosa. Já Roland Peiler vai mais longe e afirma que a tradução que não transcriação é um processo rotineiro e linear:

---

[12] Previsão descrita na secção de emprego do sítio da agência de produção Hogarth Worldwide. Ver http://www.hogarthww.com/pt/index/carreiras.

> *Para mim, o processo subjacente a estas traduções ditas "normais" é bastante diferente do trabalho da transcriação, pois é (1) muito mais rotineiro e (2) muito mais linear, isto é, tenho de analisar o texto segmento a segmento e, de certa forma, escrever a primeira escolha viável que me surja (devido a constrangimentos de tempo e orçamento). Em oposição, na transcriação perco significativamente mais tempo a pensar sobre melhores opções, em retrocessos e avanços no texto, numa procura mais intensa por sentidos mais próximos do brefing, na pesquisa online por pistas e inspiração e à procura de opções cada vez melhores.* (2012: entrevista pessoal)

Todos eles oferecem serviços distintos, o que permite concluir igualmente que um tradutor, para realizar transcriação, não precisa de ter um perfil específico. Os clientes e as agências procuraram, normalmente, profissionais com experiência em tradução de *marketing* ou publicidade. Estes tipos de tradutores são valorizados pela sua exatidão, ausência de erros e elevada qualidade de escrita na língua de chegada. As características mais valorizadas pelos clientes são "(...) rigor, estilo, atenção ao detalhe, escolhas bem pensadas, confiabilidade a 100% e uma elevada ética profis-sional", segundo Roland Peiler (2012: *entrevista pessoal*), e "[...] atenção ao detalhe, capacidade de cumprir prazos, bom estilo gramatical", segundo Dominika Gauda (2012: entrevista pessoal).

Foi referida por todos os tradutores a exigência de criatividade inerente à transcriação, e esta característica parece ser a mais distintiva, ao estabelecer comparações com outras estratégias tradutórias.

Para além de representar um elogio à criatividade, a transcriação também se destaca pela forte presença do tradutor, sendo essa a principal diferença face a outras estratégias de tradução para o tradutor Roland Peiler: "A transcriação distingue-se porque, à medida que as traduções automáticas se tornam (e tornarão) mais úteis numa série de áreas, a transcriação irá sempre requerer uma forte componente humana." (2012: entrevista pessoal). Conclui-se que a transcriação, apesar de ainda estar confinada a um nicho de mercado bastante reduzido, é uma garantia da preponderância do tradutor para a atividade tradutória, no contexto da discussão sobre o crescente aperfeiçoamento dos resultados da tradução assistida por computador.

Assim, conclui-se que a transcriação é também um instrumento na tradução de culturas, já que se propõe evitar termos e conceitos que resultam no texto de partida, mas que podem gerar conotações negativas na cultura de chegada. "Simplesmente evita incongruências culturais que ocorrem quando se traduz automaticamente, sem pensar nas condições actuais, na situação do país, nas colocações lexicais, na relação entre palavras e sentimentos, etc.", afirma Dominika Gauda (2012: entrevista pessoal). Para o texto publicitário, cujo objetivo primário é informar e/ou persuadir (Fletcher 2010: 5), de modo a levar um eventual consumidor a sentir-se atraído por determinado produto ou serviço, um choque cultural numa campanha poderá ser desastroso para a marca, pois poderá não fazer passar a mensagem pretendida e até mesmo desencadear mecanismos psicológicos de rejeição.

Por todos estes motivos, a transcriação posiciona-se como a estratégia mais eficaz na tradução do texto publicitário, pois combina criatividade ao nível linguístico com consultoria ao nível cultural. Também Dominika Gauda coloca a transcriação nas suas preferências para a tradução do texto publicitário, e justifica o facto de ser um tipo de tradução de custos mais elevados:

> Transcriação é a melhor solução [na tradução do texto publicitário] e não vejo outra. A transcriação deve ser mais cara do que outros tipos de tradução. Toma-me mais tempo transcriar uma campanha do que traduzir um texto técnico. Quando trabalho em transcriação, não faço ideia de quanto tempo levarei até terminar. Já quando olho para um texto técnico, sei o tempo que necessito para o traduzir. Em publicidade, o trabalho de tradução pode ser muito demorado, porque o rasgo de criatividade que necessito para encontrar as palavras certas pode demorar a surgir. (2012: entrevista pessoal)

Sendo a transcriação uma atividade realizada sobretudo por agências, que subcontratam tradutores *freelancer* com potencial para a executar, segue-se a análise de entrevistas a três funcionários das agências *Text Appeal* e *Native*, de forma a aprofundar o conhecimento sobre o *modus operandi* da transcriação.

Em Portugal, praticamente não existiam até hoje referências académicas ao nível da transcriação. Em junho de 2011 realizou-se um colóquio intitulado "Translation, Culture and Cognition", no qual Maria Clotilde Almeida, professora da Universidade de Lisboa, apresentou uma comunicação intitulada "Transcreation vs. Transmigration: the cognitive semiotics of translation approach"[13]. A sua pesquisa cingiu-se à linha académica de Haroldo de Campos, portanto, à aplicação da transcriação ao texto literário e, eventualmente, à tradução de letras de canções, como a própria refere. Na sua opinião, "[...] a transcriação vai ao encontro do conceito de tradução-arte, ou seja, do conceito do tradutor como autor" (2012: entrevista pessoal). Esta representação do papel ativo e preponderante do tradutor na transcriação pode também ser aplicada ao texto publicitário, já que o tradutor é incentivado pelas agências a tornar-se criador.

> *Transcriação tem tudo a ver com capturar o espírito e a mensagem do texto de partida, dando-lhes um tratamento criativo – nunca é só pegar nas palavras – e adaptando-os à cultura local e ao idioma, ao mesmo tempo que acomoda o facto de o posicionamento do produto, ao ser publicitado, poder variar de país para país.* (Husbands 2012: entrevista pessoal)

Gordon Husbands, profissional norte-americano da transcriação formado em *marketing* e vendas, autor do blog *Global Transcreation*[14], assegura que um anúncio só pode ser linguística e culturalmente relevante nos mercados em que é aplicado se for transcriado ou se o texto for refeito por um *copywriter* nativo. Assim, perante a convicção de que são estas as duas únicas saídas para uma campanha bem-sucedida nos vários mercados locais, um cliente terá de optar por uma recriação do texto original, ou seja pela transcriação, ou por uma realização textual completamente nova, isto é, *copywriting*. A segunda solução será sempre mais dispendiosa, como foi referido em entrevista por Judit Szekeres e por Kate Robinson, respetivamente: "Poupança nos custos ao nível da gestão de tempo e de projetos com grande quantidade de texto" e "(...) eficiência de tempo e dinheiro" (2012: entrevista pessoal).

---

[13] Para a sinopse desta comunicação, consultar http://cecc-translation-abstracts.blogspot.com.
[14] Ver http://transcreationblog.net.

Gordon Husbands partilha a mesma opinião, distinguindo *transcreation* de tradução do texto publicitário de qualidade. Em entrevista, Gordon Husbands elaborou uma metáfora bastante esclarecedora, aprofundando a discussão em torno desta dicotomia:

> *Roupa de qualidade é óptima para usar no dia-a-dia, porque dura e pode usá-la vezes sem conta. Mas quando vai sair à noite e quer dar as vistas, ou quando vai a um casamento e gosta de estar bonita, prefere algo com classe, provocador, diferente, algo que causará um maior impacto. É essa a diferença entre transcriação e tradução de qualidade. [...] Nem toda a gente consegue transcriar, talvez 10% dos tradutores consigam tornar-se "transcriadores". Portanto, os recursos são limitados. É um processo criativo onde é frequente oferecer ao cliente várias possibilidades de texto, não apenas uma tradução. O cliente requer uma retrotradução e comentários que justifiquem a razão pela qual certas metáforas, expressões idiomáticas e analogias são apropriadas para a marca. Isto envolve tempo e esforço, que devem ser recompensados.* (2012: entrevista pessoal)

Se um bom tradutor pratica preços mais elevados quando sabe que oferece um serviço de qualidade, uma agência que disponibiliza serviços de transcriação, associados a serviços de gestão de projetos de tradução, irá certamente cobrar preços elevados por estes serviços. Aliás, os tradutores que praticam transcriação têm normalmente características singulares de criatividade e capacidade de trabalho a contrarrelógio, podendo, pois, praticar preços mais elevados. Apesar de ser mais dispendioso contratar serviços de transcriação do que de tradução, torna-se um investimento, já que assegura a perspetiva comercial certa para a mensagem que deseja transmitir.

3. Conclusões

Para muitos, mesmo para profissionais e académicos da área da tradução, a transcriação consiste numa prática tradutória ainda pouco utilizada devido ao parco conhecimento sobre a indústria. A transcriação caracteriza-se, numa primeira instância, por uma maior liberdade criadora ao tradutor, em comparação com outros tipos de tradução. Efetivamente, desde o tradutor indiano P. Lal aos funcionários das agências estudos de caso, a criatividade parece ser a característica mais transversal na definição do termo. É sobretudo pelo estímulo do trabalho em agência que a transcriação se introduz e realiza no mercado da tradução do texto publicitário.

Aliás, o funcionamento orgânico das agências de transcriação distingue-se das demais agências de tradução. A ausência de tradutores internos (*in-house*), a realização de serviços de gestão da produção e a forte valorização de formação e/ou experiência em publicidade e marketing aproximam estas duas agências das características de uma agência criativa de publicidade. Assim, conclui-se que o facto de estas empresas terem como serviço central a transcriação modifica o seu funcionamento interno e condiciona a natureza dos funcionários que ali trabalham.

No seguimento desta conclusão, a terceira hipótese indagava sobre quais as características valorizadas nos tradutores que trabalham na área da transcriação. Criatividade, capacidade de gestão de tempo e de lidar com prazos apertados, conhecimentos na área da publicidade e atenção aos detalhes são as características mais valorizadas pelas agências alvo de estudo de caso, como os seus funcionários e os tradutores referem nas entrevistas concedidas.

Na realidade, cada agência apresenta o seu próprio fluxo de trabalho, fruto de uma organização interna distinta. No entanto, nos seus fatores distintivos incluem-se a gestão dos contactos com o cliente, *briefing* cliente/agência, organização do ficheiro original, redação do *briefing* agência/tradutores, lançamento do projeto para os tradutores, monitorização do trabalho realizado pelos tradutores, tratamento da tradução, redação de comentários à tradução e entrega do ficheiro ao cliente, ou consequente gestão do processo de produção com os respetivos departamentos da empresa ou com a agência de produção selecionada pelo cliente.

No início da aplicação deste termo ao estudo da tradição literária indiana, o conceito de transcriação estava associado ao texto literário e a um certo cariz religioso. De técnica de recriação textual indiana baseada na conciliação do sentido literário e na transformação do original, a transcriação passou a estratégia tradutória global baseada na liberdade criativa e na adaptação cultural de um texto, para que o impacto criado pelo texto de chegada seja similar ao do texto de partida. É, portanto, natural concluir que a utilização do termo *transcreation* foi sendo alterada ao longo do tempo. Sistematizando as unidades de análise aqui afloradas, conclui-se que a transcriação se caracteriza pela criatividade e liberdade de opção tradutória que começou por ser aplicada ao texto literário, mas que hoje em dia é mais usada no contexto do texto publicitário.

Através das entrevistas realizadas, foi possível concluir que não há aparentemente uma relação entre o percurso académico dos trabalhadores das agências de transcriação analisadas e as tarefas que desempenham. Já em relação aos tradutores, os percursos académicos encontrados também foram distintos, colocando a formação em línguas como uma mais-valia, mas não como uma condicionante. A agência *Native*, por ser uma micro-agência regulada por uma agência de produção, oferece um maior número de serviços e, por isso, apresenta uma estrutura mais hierarquizada, com maior número de funções distintas. No entanto, a tendência da *Native* é para o alargamento dos serviços interdepartamentais, isto é, para o crescente cruzamento de serviços, de modo a aumentar o volume de negócio de cada cliente.

Devido a essa estrutura hierárquica bem definida, cada funcionário tem as suas funções bem delineadas, sendo o trabalho de equipa extremamente importante no funcionamento interno de cada uma.

A relação com os tradutores *freelancer* está a cargo dos Gestores de Projeto, função hierarquicamente abaixo de Gestor de Conta, Diretor de Conta e Diretor de Serviços ao Cliente. Assim, na relação com o cliente, o grande desafio das agências passa pela negociação dos prazos para entrega de projetos, negociação de orçamentos, compreensão total dos objetivos do cliente para a campanha e a mensagem a transmitir nos vários mercados locais. Este tipo de negociação exige muito esforço por parte dos Gestores e Diretores de Conta, sendo indicado como um dos maiores desafios da profissão.

A análise das entrevistas no seu todo permitiu concluir que os tradutores se preocupam mais com o produto final resultante da tradução do que os funcionários das agências. Estes parecem ter, no seu dia-a-dia, mais tempo ocupado com a coordenação das solu-ções a apresentar ao cliente, delegando o controlo de qualidade e relevância da tradução final para os Gestores de Projeto. A gestão de tempo e de custos abaixo das expectativas são preocupações mútuas em ambas as categorias profissionais.

A transcriação suplanta outras estratégias tradutórias, ao nível do texto publicitário, através da criatividade que injeta ao texto de chegada e à adequação ao mercado local que lhe confere. A maio-ria dos entrevistados não hesita em afirmar que considera a trans-criação como a melhor estratégia na tradução do texto publicitá-rio. Criatividade, adequação ao contexto cultural de chegada, res-peito pela mensagem a transmitir veiculada no *briefing* do cliente, adequação do tom de voz ao estilo da campanha original e capaci-dade de trabalho sob pressão são os elementos essenciais para uma definição do que é realizar um projeto de transcriação.

Também a importância na tradução de culturas deve ser incluída nas particularidades da transcriação, já que se espera do tradutor um aconselhamento sobre a relevância da implementação de de-terminada campanha publicitária na cultura de chegada. Assim, é possível afirmar que no serviço da transcriação está também inclu-ída a tarefa de consultoria cultural, sendo este um dos fatores que tornam o seu custo mais elevado.

Fruto da observação e das entrevistas realizadas, nota-se um certo contraste entre a definição dos teóricos dos Estudos da Tradução e a abordagem profissionalizante. A visão académica é mais generalista, podendo ser aplicada a outros tipos de texto. Por seu turno, a definição dos profissionais é bastante determinista, adaptando-se apenas ao texto publicitário e suas especificidades, aproveitando a linguagem técnica do *marketing* para justificar determinadas características da transcriação.

A transcriação é um serviço de tradução bastante acima da média em termos de preço por palavra porque o texto publicitário requer criatividade, qualidade que implica mais tempo por parte do tradutor para encontrar a ideia criativa mais apropriada. Além disso, a transcriação é um serviço de tradução comercializado sobretudo por agências, fazendo com que o serviço de gestão de projeto também tenha, forçosamente, de ser incluído no orçamento final ao cliente. Naturalmente, um tradutor freelancer também pode realizar transcriação, mas não terá certamente ao seu dispor as sinergias que completam o trabalho da tradução criativa, na perspetiva do cliente.

Devido às suas qualidades criativas, a transcriação aproxima-se bastante do *copywriting*, entendido como a criação de um texto publicitário original. Na verdade, um tradutor que se depara com um texto de partida culturalmente irrelevante no mercado de chegada terá de criar um conceito criativo praticamente novo. Um dos entrevistados referiu que é importante fornecer aos tradutores o mesmo *briefing* através do qual os *copywriters* criam uma campanha publicitária de raiz. Assim, o tradutor tem ao dispor as mesmas ferramentas dos criadores da campanha original, podendo recriá-la com liberdade, apenas restrito aos objetivos e recomendações incluídos no *briefing*. O produto final de um ato de transcriação deve cumprir objetivos, pois apesar de se tratar de uma prática tradutória livre, o conceito original deve ser replicado, o tom de voz deve ser o recomendado no *briefing* e, em última instância, o público-alvo tem de compreender o texto de chegada. Então, conclui-se que as campanhas mais desafiadoras para um tradutor que realiza transcriação promovem a proximidade entre esta e o *copywriting*.

Tendo em conta as características acima sistematizadas, é possível concluir que a transcriação é uma prática de tradução, assente no princípio da equivalência, que privilegia a criatividade ao invés da literalidade. Ao tradutor é exigido um trabalho de compreensão do conceito inerente ao texto de partida, de modo a que o texto de chegada veicule os objetivos e a mensagem do texto de partida, apesar de o resultado da tradução ser um texto recriado, nem sempre com a mesma forma do original. A transcriação nem sempre resulta numa representação linguística fiel do original, sendo mais importante a presença do conceito do texto de partida do que o rigor da tradução literal. Esta estratégia de tradução, atualmente, encontra-se bastante ligada às áreas da publicidade e do *marketing*, estando apta a servir os propósitos estratégicos de um texto publicitário em que a criatividade e a eficácia constituem os critérios fundamentais.

Assim se conclui que a transcriação é fruto da evolução da tradução em direção à globalização, num cruzamento entre global e local que Beverly Adab (2000 *apud* Baker 2009) apelidou de "glocalization". Grandes empresas, que atuam em vários mercados, procuram agências que possam realizar todo um serviço de produção linguística, desde o conceito original até à linha de produção do anúncio. O global – a campanha publicitária criada para ser percecionada em todo o mundo – passa a local com a prática da transcriação – a adaptação linguística e cultural permite que a mesma campanha seja compreendida em todos os mercados onde a empresa executa negócios.

Também parece ser consensual que a transcriação é um serviço que pode apenas ser realizado pelas agências. Os tradutores podem realizar uma boa tradução segundo os princípios da transcriação, mas só as agências terão o poder de gestão dos vários serviços de produção que os clientes cada vez mais procuram. As agências de transcriação atuam como facilitadores para os clientes que as contratam, daí ser tão importante o serviço de gestão, aliado ao serviço de tradução criativa e especializada.

Curiosamente, e nos antípodas da tradução literal, o texto de partida acaba por funcionar apenas como uma das ferramentas utilizadas pelo tradutor para "transcriar". A transcriação é uma estratégia tradutória de cariz pragmático, pois assegura que os efeitos obtidos pelo texto de partida serão análogos na cultura de chegada. Trata-se de uma técnica de tradução centrada no destinatário, pois o texto de chegada tem necessariamente de ser apelativo, adequado aos objetivos do cliente, e linguística e culturalmente compreensível pelo público-alvo. A *transcreation* pode ajudar a lidar com a questão da intraduzibilidade, pois através da liberdade criativa que é autorizada ao tradutor, todo o sentido é traduzível, nem que seja através de uma recriação total. Por seu turno, deixa de existir transcriação quando o leitor não compreende o anúncio que está diante de si, pois os seus princípios gerais colocam a compreensão no topo das exigências desta prática tradutória.

Deste modo, ganha relevo o conceito de tradutor-autor. Retoma-se, assim, a teoria da (in)visibilidade do tradutor, proposta por Lawrence Venuti, para concluir que o carácter visível do trabalho do tradutor é particularmente importante nas práticas de transcriação.

Para além de tradutor-autor, o "transcriador" deve também ser um avaliador. Tem de ser capaz de julgar a sua tradução e a dos outros, distinguir as opções criativas mais fortes e apelativas, e ter criatividade suficiente para recriar um mesmo conceito em várias formulações linguísticas distintas no seu idioma nativo. Um cliente que contrata um serviço de transcriação espera que o tradutor seja interventivo perante o texto, de modo a que a tradução não pareça uma tradução, isto é, soe mais fluente e apelativa do que a tradução literal. Aliás, do tradutor espera-se que ele seja capaz de intervir no texto original na sua língua de chegada, pois dada a natureza distinta de cada idioma, poderá ser possível encontrar uma expressão em determinada língua que faça passar a mensagem do original num tom ainda mais atrativo.

Comparando a transcriação a outras práticas tradutórias, é possível afirmar que se trata de uma das técnicas que envolve um maior grau de criatividade. Estabelecendo uma espécie de escala criativa entre os vários tipos de versão, a tradução literal estaria no lado menos criativo – a que mais se aproximaria do texto original –, estando a transcriação na ponta oposta – próxima do *copywriting* e bastante mais distante do original.

A transcriação, na sua essência, também envolve técnicas de tradução de culturas. A Native inclui-a nas suas práticas de transcriação, realizando um relatório de consultoria cultural e ativando esse aconselhamento quando se verificam possíveis choques culturais na implementação de determinada campanha.

Em Portugal, a transcriação é ainda um mundo pouco conhecido. Haverá certamente, no mercado português, uma oportunidade para alguns tradutores *freelancer* realizarem projetos de transcriação, em colaboração com agências estrangeiras, e eventualmente poderá haver espaço para um micromercado de agências de transcriação nacionais. Este tema merece ser alvo de um estudo mais aprofundado. Aliás, em transcriação, um ponto final no texto de origem poderá sempre ser transformado numa vírgula no texto de chegada. Espera-se que esta obra represente também uma vírgula, contribuindo para a continuidade do estudo da transcriação em Portugal e em todos os países onde esta obra estiver em circulação.

Bibliografia

Baker, Mona (1999). *In Other Words: A Coursebook on Translation*. Londres/Nova Iorque: Routledge.

Baker, Mona e Saldanha, Gabriela (2009). *Routledge Encyclopedia of Translation Studies*. Abingdon: Routledge.

Bassnett, Susan (2003). *Estudos de Tradução*. Lisboa: Fundação Calouste Gulbenkian.

Bernardo, Ana Maria Garcia (2009). *A Tradutologia Contemporânea. Tendências e Perspectivas no Espaço de Língua Alemã*. Lisboa: Fundação Calouste Gulbenkian/Fundação para a Ciência e a Tecnologia.

Bernardo, Ana Maria Garcia (2012). "Tipo, género e espécie de texto. Para uma classificação textual relevante para a tradução". Artigo não publicado cedido pela autora.

Burnett, Paula (2003). "Introduction". *EnterText - Translation, Transcreation*, vol. 2, núm. 2. *In* Arts.Brunel.ac.uk. Disponível em: http://arts.brunel.ac.uk/gate/entertext/ issue_2_2.htm, último acesso a 26/03/2012.

Campos, Haroldo de *et al.* (2004). *Transcriações: Teoria e Práticas*. São Paulo: Evangraf.

Catford, John (1965). *A Linguistic Theory of Translation*. London: Oxford University Press.

Chaudhuri, Sukanta (2006). "Translation, Transcreation, Travesty: Two Models of Translation in Bengali Literature". *In* Hermans, Theo (ed.). *Translating Others,* vol. 1. Manchester: St. Jerome Publishing, pp. 247-256.

Di Giovanni, Elena (2008). "Translations, Transcreations and Transrepresentations of India in the Italian Media". *Meta: Journal des Traducteurs/Meta: Translators' Journal*, vol. 53, n° 1, Março de 2008, pp. 26-43.

Fletcher, Winston (2010). *Advertising: A Very Short Introduction*. Oxford: Oxford University Press.

Gopinathan, Govindapanicker e Kandaswamy, Selvarajan (1993). *The Problems of Translation*. Allahabad: Lok Bharati Prakashan.

Gopinathan, Govindapanicker (2000). "Ancient Indian Theories of Translation". *Translation perspectives XI*. Nova Iorque: Binghamton University.

Gopinathan, Govindapanicker (2006). "Translation, Transcreation and Culture: Theories of Translation in Indian Languages". *In* Hermans, Theo (ed.). *Translating Others,* vol. 1. Manchester: St. Jerome Publishing, pp. 236-246.

Hatim, Basil e Munday, Jeremy (2004). *Translation: An Advanced Resource Book.* Londres/Nova Iorque: Routledge.

Jackson, K. David (2005). *Haroldo de Campos: a dialogue with the brazilian concrete poet.* Oxford: Centre for Brazilian Studies.

Jackson, K. David (2010). "Transcriação/Transcreation: the Brazilian concrete poets and translation." Tonkin, Humphrey e Frank, Maria Esposito (eds.). *The Translator as Mediator of Cultures.* Amesterdão/Filadélfia: John Benjamins Publishing Company, pp. 139–160.

Jakobson, Roman (1959). "On Linguistic Aspects of Translation". *In* Browe, R. A., *On Translation.* Cambridge: Harvard University Press, pp. 232-39.

Lal, Purushottama (1972). *Transcreation: two essays.* Calcutá: Writers Workshop.

Mangiron, Carmen e O'Hagan, Minako (2011). *Game Localisation: Unleashing Imagination with 'Restricted' Translation.* Dublin: Dublin City University.

Mounin, Georges (1963). *Os Problemas Teóricos da Tradução.* São Paulo: Gallimard.

Mukherjee, Meenakshi e Trivedi, Harish (1996). *Interrogating Post-Colonialism. Theory, Text and Context.* Rashtrapati Nivas, Shimla: Indian Institute of Advanced Study.

Munday, Jeremy (2009). *The Routledge Companion to Translation Studies.* Londres/Nova Iorque: Routledge.

Nord, Christiane (2001). *Translating as a Purposeful Activity: Functionalist Approaches Explained.* Manchester: St. Jerome.

Onizuka, Michelle (2011). "Sustainable Multi-Cultural Packaging". *In* DigitalCommons.Calpoly.edu. Disponível em: http://digitalcommons.calpoly.edu/cgi/ viewcontent.cgi?article=1061&context=grcsp, último acesso a 03/03/2012.

Ortiz-Sotomayor, Jesús M. (2005). "Cross-cultural digital marketing in the age of globalization". *In* JesusMaroto.com, disponível em: http://www.jesusmaroto.com/ images/MAROTO_MinorDissertation.pdf, último acesso a 25/03/2012.

Pereira, Cristina Monteiro de Castro (2004). "Transcriação: a tradução em jogo". *Cadernos do CNLF*, série VIII, núm. 6. Rio de Janeiro: CIFEFIL. Disponível em: http://www.filologia.org.br/viiicnlf/anais/caderno06-15.html, último acesso a 23/02/2012.

Perteguella, Manuela e Loffredo, Eugenia (2007). *Translation and Creativity. Perspectives on Creative Writing and Translation Studies*. Londres: Continuum.

Portela, Manuel (2003). *Untranslations and Transcreations*. Bloomington: Indiana University Press.

Reiss, Katharina (1998). "Pragmatic Aspects of Translation". *In* Toury, Gideon (ed.). *Translation Across Cultures*. Nova Deli: Bahri Publications, pp. 49-76.

Trivedi, Harish (2006). "In Our Own Time, On Our Own Terms: Translation in India". *In Translating Others*, ed. Hermans, Theo, vol. 1, Manchester: St. Jerome Publishing, pp. 102-119.

Vieira, Else Pires (1999). "Liberating Calibans: *Readings of Antropofagia and Haroldo de Campos'* Poetics of Transcreation". *In* Bassnett, Susan e Trivedi, Harish (1999). *Postcolonial translation: theory and practice*. Londres: Routledge.

Wright, Rochelle (2006). "Ibsen Transcreations in Iran and India". *TijdSchrift voor Skandinavistiek*, vol. 27, núm. 2, pp. 115-137.

Entrevistas pessoais

Almeida, Maria Clotilde (2012). Entrevista pessoal, 21/02/12.
Gauda, Dominika (2012). Entrevista pessoal, 31/01/12.
Husbands, Gordon (2012). Entrevista pessoal, 02/03/12.
Kanda, Ayako (2012). Entrevista pessoal, 19/01/12.
Karemperi, Dimitra (2012). Entrevista pessoal, 29/01/12.
Peiler, Roland (2012). Entrevista pessoal, 03/02/12.
Robinson, Kate (2012). Entrevista pessoal, 10/01/12.
Szekeres, Judit (2012). Entrevista pessoal, 10/03/12.

José Miranda Justo
(FLUL/CFUL)

Traduzir o estilo em Filosofia: o caso Kierkegaard[1]

1. Filosofia, Estilo e Tradução

Sendo certo que o presente artigo se debruça sobre alguns problemas especiais da multiplicidade de estilos em Kierkegaard e da respectiva tradução, quero, no entanto, começar por explicitar algumas considerações sobre o tópico das relações entre filosofia e estilo, partindo inicialmente de uma perspectiva que não será a mais comum, mas que, não sendo assinada pelo próprio Kierkegaard, me parece suficientemente próxima deste autor para nos ser útil neste contexto. Começarei, pois, por invocar um pensador do século XVIII que Kierkegaard muito apreciava e muitas vezes citou: Johann Georg Hamann.

Hamann escreve na sua *Aesthetica in nuce*:

> *Reden ist übersetzen – aus einer Engelsprache in eine Menschensprache, das heist, Gedanken in Worte, – Sachen in Namen, – Bilder in Zeichen; die poetisch oder kyriologisch, historisch oder symbolisch oder hieroglyphisch – – und philosophisch oder charakteristisch seyn können. Diese Art der Übersetzung (verstehe Reden) kommt mehr, als irgend eine andere, mit der verkehrten Seite von Tapeten überein, And shews the stuff, but not the workman's skill [...].*[2]

---

[1] O presente trabalho beneficiou de múltiplas sugestões da minha colega Elisabete M. de Sousa, a quem agradeço a colaboração pertinente e amiga. Este meu texto resulta de uma substancial reformulação da comunicação que apresentei em Junho de 2011 no Colóquio Translation, Culture and Cognition, organizado pela linha de investigação Translating Europe Across the Ages, da Universidade Católica de Portugal, e realizado nessa Universidade e na Faculdade de Letras da Universidade de Lisboa.
[2] Cito Hamann a partir da edição dos *Sämtliche Werke*, organizada por Josef Nadler, 6 vols., Wien: Herder-Verlag, 1949-1953, usando a abreviatura N, seguida do número do volume em romanos e da numeração da página em árabes; N II,

Ensaiemos uma tradução possível:

> *Falar é traduzir – de uma linguagem de anjos para uma linguagem de homens, ou seja, pensamentos em palavras, – coisas em nomes, – imagens em sinais; que podem ser poéticos ou quiriológicos, históricos ou simbólicos ou hieroglíficos – e filosóficos ou característicos. Este tipo de tradução (entenda-se: falar) coincide mais do que qualquer outro com o lado avesso dos tapetes,*
> *And shews the stuff, but not the workman's skill* [...].

Porém, esta tradução não é totalmente esclarecedora. Hamann diz «Reden ist übersetzen» e não «Sprechen ist übersetzen». Não se trata, portanto, de identificar a fala com uma forma de transposição. O que está em causa é antes aquilo a que devemos chamar «discurso». E o resto da citação mostra claramente que se trata de toda a actividade discursiva, inclusivamente naquelas modalidades discursivas que se exercem preferencialmente na escrita. Ora, quando falamos de actividade discursiva, referimo-nos não ao uso dos sinais linguísticos na sua individualidade isolada, mas sim ao uso integrado desses sinais em modalidades discursivas sequenciais, sintáctica e textualmente organizadas.

No fragmento citado, Hamann, ao enumerar três tipos de transposição de «imagens» em «sinais», enumera também três tipos de actividade discursiva: o poético, o histórico e o filosófico. Esta tripartição é consequente com aquilo que encontramos em outros momentos do pensamento do autor. Mas importa reter que cada um desses tipos de actividade discursiva, na concepção de Hamann, permanece aberto a múltiplas – na verdade, ilimitadas – possibilidades de escolha. Às diversas possibilidades de escolha no plano discursivo, ou seja, às diferentes possibilidades de escolha do material linguístico ou retórico e das respectivas combinações, chamaremos, de acordo com a opção de Hamann, a multiplicidade aberta dos *estilos*. Nesta perspectiva, os sinais filosóficos, tal como os restantes, estão aptos a participar em diversos estilos.

---

199. A citação inglesa é tirada de *Poems* by the Earl of Roscommon, Londres 1717, e refere-se a uma tradução em prosa de poemas de Horácio.

Acontece também que a própria prática de escrita de Hamann mostra bem como os diferentes tipos de sinais se podem entrelaçar em modalidades estilísticas complexas que ampliam as possibilidades produtivas dos diferentes tipos de discurso. Os tipos de discurso não são estanques, as categorias discursivas são permeáveis, e as escolhas estilísticas podem deambular de categoria em categoria. A escrita de Hamann é um bom exemplo de como as escolhas estilísticas podem deslocar-se do âmbito dos sinais filosóficos para o dos sinais poéticos e para o dos sinais históricos. Se é verdade que não será essa a situação mais habitual em filosofia, nada, contudo, a impede radicalmente, como veremos também em Kierkegaard.

Mas interessa ainda perguntar o que significa a ideia de que a actividade discursiva consiste em transpor ou «traduzir» «imagens» em «sinais», designadamente «sinais filosóficos». Quererá isto dizer que as imagens são sempre anteriores aos sinais? Quererá Hamann também dizer que os «pensamentos» são sempre anteriores às «palavras»? A resposta a estas questões não poderá ser afirmativa, uma vez que Hamann em vários outros momentos atribui às palavras e aos sinais um papel eminentemente configurador, designadamente no que respeita ao pensamento e ao sentido.

A concepção de Hamann é radicalmente imagética. Numa outra passagem da *Aesthetica in nuce* pode ler-se: «Sinne und Leidenschaften reden und verstehen nichts als Bilder. In Bildern besteht der ganze Schatz menschlicher Erkenntnis und Glückseeligkeit.»[3] («Os sentidos e as paixões falam e entendem somente imagens. Em imagens consiste todo o tesouro do conhecimento e da bem-aventurança humanos.») Daqui se depreende que o fundo de toda a nossa actividade cognitiva e moral é imagético precisamente porque releva do exercício da nossa sensibilidade e da nossa passividade. A sensibilidade e a passividade proporcionam imagens, e as imagens são o germe de configuração da nossa actividade. Mas esse germe não basta, nomeadamente no plano da nossa actividade cognitiva superior. A «tradução» das imagens em «sinais» significa um crucial acréscimo de configura-

---

[3] N II, 197.

ção. No caso dos sinais filosóficos essa maior configuração organizativa significa precisamente uma maior determinação conceptual, uma produção de conceitos progressivamente mais determinados.

Porém, na concepção hamanniana, a estrita determinação conceptual transporta consigo um risco de descolagem abrupta em relação à fonte imagética do processo, como se pudéssemos dizer que, no caso dos «sinais filosóficos», a «tradução» tende a esquecer definitivamente o original. É por essa razão que o discurso filosófico, na visão que dele tem Hamann, necessita de ser interrogado a partir de dentro da própria actividade discursiva, coisa que só pode ser feita pelo contágio que os «sinais poéticos» e os «sinais históricos» possam exercer sobre os «sinais filosóficos». Por outras palavras, nesta perspectiva, serão precisamente a poesia e a história (ou seja, a narrativa) que, ao contaminarem a abstracção da filosofia, lhe poderão retirar a pretensão de criar entidades puramente racionais (*entia rationis*), desligadas da experiência, e reconduzi-la a um plano em que a verdade da sensibilidade e da passividade retroaja sobre ela, permitindo-lhe obter configurações que, sendo do âmbito da racionalidade, sejam simultaneamente compatíveis com a verdade existencial.

Desta maneira, a discursividade filosófica não é vista numa especificidade segregada que lhe confira uma espécie de cidadania especial que culminaria na autonomia do sistema. A multiplicidade dos estilos em filosofia – como ela é praticada, por exemplo, em Hamann, Kierkegaard ou Nietzsche – seria precisamente uma consequência desta compreensão da intercomunicabilidade dos sinais e um instrumento da crítica que à filosofia compete exercer sobre si própria.

Em Kierkegaard, a multiplicação dos estilos – que se articula com o desdobramento dos autores pseudonímicos, embora, como veremos adiante, não se confunda propriamente com esse desdobramento – assume o carácter de uma *experimentação*, uma multiplicação de experiências tendente a criar uma diversidade do pensar que possa situar-se para lá daquele fechamento do discurso filosófico sobre si mesmo que tradicionalmente dá corpo e consistência à chamada unidade do *logos*. Kierkegaard *ensaia* (donde o uso frequente de *forsøge* e *Forsøg*), não somente com os diversos pseudónimos vindos a público depois de 1843, mas também com a multiplicidade de estilos conferidos a vários desses autores da chamada «comunicação indirecta» (para além das diversas especificidades estilísticas dos escritos não pseudonímicos), uma densa e intrincada rede de conceitualidade filosófica que lhe permite abrir o discurso filosófico à infinitude daquilo a que ele próprio chama «diversidade da existência»[4]. Gostaria de citar nesta circunstância uma passagem do manuscrito do *Postscriptum Conclusivo Não-Científico* às Migalhas Filosóficas em que se dá conta desta necessidade de abertura à dimensão de infinito que, na perspectiva de Kierkegaard, se perfila perante a existência e consequentemente também perante o esforço filosófico: «Em sentido finito, o esforço continuado e perpetuamente prosseguido para alcançar um objectivo sem que ele seja alcançado decerto significa rejeição, mas, entendido em termos de infinito, o esforço é a própria vida e é em essência a vida daquele que é composto de infinito e finito.»[5] A meu ver, é nesta combinação de «infinito e finito» que melhor pode enraizar-se uma compreensão da diversidade estilística kierkegaardiana: é precisamente porque o sujeito da reflexão filosófica está colocado em simultâneo perante uma dimensão finita e uma dimensão infinita do viver – e, consequentemente, *do pensar* – que podemos dizer que lhe não basta um único estilo – ou, se quisermos, uma única linguagem. Mas para que esta afirmação ganhe todo o seu sentido é preciso que nos entendamos quanto a um pressuposto. Esse pressuposto é o de que *o estilo pensa*, e cada estilo pensa de uma dada maneira específica.

Retomando ainda o que acima dissemos sobre Hamann e sobre a «tradução» de «imagens em sinais» filosóficos, o estilo (designadamente em Kierkegaard) é não apenas (a) a maneira específica de

---

[4] «[D]en mangfoldige Tilværelse», literalmente «a existência diversa». *Søren Kierkegaards Skrifter*, org. de Niels Jørgen Cappelørn et al., Copenhaga: Gads Forlag, 1997-2013; para referir esta edição uso adiante a sigla SKS, seguida do número do volume e da página. No caso do espólio, dou também a referência da edição *Søren Kierkegaards Papirer*, org. de P. A. Heiberg, V. Kuhr e E. Torsting, Copenhaga, 1909-1948. SKS 18, JJ:261; *Pap.*, V A 68.

[5] Esta passagem foi parcialmente suprimida na versão publicada em 1846; no texto publicado subsistiu dela, contudo, o aspecto que aqui nos importa e que se refere à questão da infinitude; cf. SKS 7, 91. As passagens do manuscrito não incluídas na versão de 1846 não constam da edição SKS; recorro, pois, aos *Papirer*: *Pap.* VI B 35:24.

fazer essa «tradução», ou seja, de transformar a intuição luminosa da imagem na cristalização do conceito – o que é já uma parte substancial do pensar filosófico –, mas é também duas outras coisas: (b) a intersecção ou contaminação dos sinais filosóficos com os sinais poéticos e com os sinais históricos, que permite uma instabilização do discurso filosófico, que é ela mesma parte da experimentação a que nos referimos acima; e (c) a multiplicação das possibilidades discursivas num processo de disseminação que tende a dar resposta à necessidade de infinitização da «diversidade da existência». Deste modo torna-se evidente que o estilo não é considerado aqui nem como mera marca de individuação autoral, nem como característica externa de um conteúdo que lhe fosse imune: por um lado, a diversidade estilística multiplica as possibilidades do pensar e, por outro lado, cada escolha estilística constrói a respectiva modalidade do pensar. Ver-se-á adiante como estas duas conclusões determinam fundamentalmente o trabalho de tradução que toma por objeto os textos kierkegaardianos.

Contudo, antes de passarmos às considerações directamente relacionadas com a tradução de obras de Kierkegaard, importa-nos observar com o pormenor possível uma passagem particularmente significativa do *Postscriptum Conclusivo Não-Científico às* Migalhas Filosóficas, na qual emerge a distinção entre «o que é dito» e o «como é dito», e que nos permite aprofundar a colocação do problema do estilo por parte do filósofo dinamarquês:

> Objectivamente acentua-se: **o que** é dito; subjectivamente: **como** isso é dito. *Esta distinção vale logo esteticamente e exprime-se definidamente quando aquilo que é verdade pode, na boca deste ou daquele tornar-se não-verdade. A esta distinção há que dar, nos tempos que correm, particular atenção [...]. Tomada esteticamente, a contradição que surge quando a verdade se torna não-verdade na boca deste ou daquele é melhor entendida comicamente. Ético-religiosamente acentua-se de novo: o como; contudo, por tal não se entende algo acerca da graciosidade, da modulação, da elocução, etc., antes se entende algo acerca da relação do existente, na sua própria existência, com o que é enunciado. Objectivamente pergunta-se meramente acerca de determinações do pensamento, subjectivamente acerca da interioridade. No seu máximo, esse como é a paixão da infinitude, e a paixão da infinitude é a própria verdade. Mas a paixão da in-*

*finitude é precisamente a subjectividade, e assim a subjectivida-
de é a verdade. Visto objectivamente, não há nenhuma decisão
infinita, e assim é objectivamente correcto que a diferença entre
o bem e o mal é relevada juntamente com o princípio de contra-
dição, e desse modo também a diferença infinita entre a verdade e a mentira. Só na subjectividade há decisão, ao passo que
querer tornar-se objectivo é a não-verdade. A paixão da infinitude é o decisivo, não o respectivo conteúdo, pois o respectivo
conteúdo é precisamente ela mesma. Assim, o como subjectivo e
a subjectividade são a verdade. // Mas o como que é acentuado
subjectivamente, precisamente porque o sujeito é existente, é
também dialéctico em relação ao tempo. No instante da decisão
da paixão, onde o caminho se desvia do saber objectivo, parece
que por essa via a decisão infinita está acabada. Mas, no mesmo
instante, o existente está na temporalidade, e o como subjectivo
metamorfoseia-se num esforço que é impulsionado e repetida-
mente restaurado pela decisiva paixão da infinitude, mas que é,
apesar de tudo, um esforço.* (SKS 7, 185-186; itálicos – aqui em
redondo – e negritos do autor.)[6]

---

[6] «*Objektivt accentueres:* **hvad** *der siges; subjektivt:* **hvorledes** *det siges.*
Allerede æsthetisk gjelder denne Distinction, og udtrykkes bestemt saaledes, at
hvad der er Sandhed, kan i Den og Dens Mund blive Usandhed. Denne
Distinction er i disse Tider særligen at agte paa, thi skulde man i en eneste
Sætning udtrykke Forskjellen mellem Oldtiden og vor Tid, saa maatte man vel
sige: at i Oldtiden var der kun Enkelte der vidste det Sande, nu veed Alle den,
men Inderligheden staaer i et omvendt Forhold dertil. Æsthetisk opfattes
Modsigelsen, som fremkommer ved at Sandheden bliver Usandhed i Den og Dens
Mund, bedst comisk. Ethisk-religieus accentueres igjen: hvorledes; dog forstaaes
det ikke om Anstand, Modulation, Foredrag o. s. v., men det forstaaes om den
Existerendes Forhold til det Udsagte i selve sin Existents. Objektivt spørges der
blot om Tankebestemmelserne, subjektivt om Inderligheden. I sit Maximum er
dette Hvorledes Uendelighedens Lidenskab, og Uendelighedens Lidenskab er
selve Sandheden. Men Uendelighedens Lidenskab er netop Subjektiviteten, og
saaledes er Subjektiviteten Sandheden. Objektivt seet er der ingen uendelig
Afgjørelse, og saaledes er det objektivt rigtigt, at Forskjellen mellem Godt og
Ondt er hævet med Modsigelsens Grundsætning, og derved ogsaa den uendelige
Forskjel mellem Sandhed og Løgn. Kun i Subjektiviteten er Afgjørelse, hvorimod
det at ville blive objektiv er Usandheden. Uendelighedens Lidenskab er det
Afgjørende, ikke dens Indhold, thi dens Indhold er netop den selv. Saaledes er det
subjektive Hvorledes og Subjektiviteten Sandheden. // Men det Hvorledes, der
subjektivt accentueres, er tillige, netop fordi Subjektet er existerende, dialektisk i
Retning af Tid. I Lidenskabens Afgjørelses Øieblik, hvor Veien svinger af fra den
objektive Viden, seer det ud som var dermed den uendelige Afgjørelse færdig.
Men i samme Øieblik er den Existerende i Timeligheden, og det subjektive

A questão do «como» do dizer identifica-se radicalmente com o problema do estilo tomado no sentido forte que acima procurei caracterizar. Segundo Kierkegaard o «como» do que é dito não tem a ver com a «graciosidade», a «modulação» ou a «elocução» do discurso, ou seja, não diz respeito a caracteres exteriores da discursividade independentes daquilo a que o filósofo chama a «verdade» do dizer. A mesma forma externa do dizer pode ser «verdade» na boca de um e «não-verdade» na boca de outro[7].

Aquilo a que, na passagem citada, o pseudónimo kierkegaardiano Johannes Climacus chama «verdade» articula-se directamente com três categorias: a da subjectividade, a da interioridade e a da infinitude. Porém, no centro dessa articulação encontra-se o «existente», aquele que existe, ou seja, o indivíduo singular enquanto situado na existência. É no plano da existência – e não num plano abstracto de sistematicidade especulativa – que o indivíduo singular vive a sua própria subjectividade, a qual, precisamente por ser existencial, se situa nos antípodas de qualquer pretensa objectividade.

Essa pretensa objectividade interessa-se por «determinações do pensamento», ou seja, lida com o pensamento em abstracto e investiga determinações igualmente abstractas do pensamento, sempre à margem da existência do indivíduo singular; por isso mesmo, ela lateraliza a questão da verdade e da não-verdade *relevando* a respectiva diferença, i.e. suprimindo uma tal distinção para assim alcançar o plano de uma pura abstracção (que Kierkegaard identifica em vários textos não tanto com o pensamento hegeliano propriamente dito, mas com a recepção que os seus contemporâneos dinamarqueses fazem da filosofia de Hegel[8]).

Hvorledes er forvandlet til en Stræben, som er impulseret og gjentagent forfrisket af Uendelighedens afgjørende Lidenskab, men som dog er en Stræben.»
[7] Aos comentadores tem passado despercebido o facto de esta observação do pseudónimo Johannes Climacus dar eco muito próximo a um segmento das *Memoráveis Socráticas* de Hamann (NII 72): «[...] fica claro que verdades idênticas podem ser pronunciadas com espírito muito contrário.» Cf. J. G. Hamann, *Memoráveis Socráticas*, tradução, notas, posfácio e cronologia de José Miranda Justo, Lisboa: Centro de Filosofia da Universidade de Lisboa, 1999, p. 52.
[8] Cf. Jon Stewart, *Kierkegaard's Relations to Hegel Reconsidered*, Cambridge / New York: Cambridge University Press, 2003, passim.

Pelo contrário, do ponto de vista da subjectividade existencial, que é a do indivíduo singular, importa precisamente aquilo a que Climacus chama a «interioridade» ou, por outras palavras, a singularidade do indivíduo singular na sua dimensão interior. Ora, a singularidade do singular, entendida do ponto de vista da dimensão interior, é exactamente aquilo a que no texto citado se chama «paixão da infinitude», o que quer dizer em rigor que a existência interior, enquanto singularidade, se abre por inteiro e de forma incontornável à infinitude – aquela mesma infinitude de que já tínhamos falado mais acima e que em última instância é responsável pela diversidade estilística. O «como» do dizer, que por um lado é a «verdade» – verdade singularmente experimentada e constituída pelo indivíduo singular –, é também por outro lado a abertura a uma multiplicidade do dizer, na qual cada enunciado (ou cada escolha estilística), em vez de vir negar uma unicidade primordial da verdade, antes acrescenta verdade à verdade, colocando a verdade em paralelo com outras possibilidades de verdade, numa abertura ao sentido que em última instância depende apenas do modo radicalmente dinâmico como existência e interioridade se articulam e convivem.

As considerações de Johannes Climacus a propósito do «como» do dizer permitem-nos, contudo, enveredar também por uma reflexão acerca de especificidades da tradução do texto filosófico, designadamente naquelas situações em que este último tem afinidades com o texto literário, ou seja, no caso daqueles pensadores que atribuem ao plano da expressão uma proeminência verdadeiramente constitutiva em relação aos filosofemas com que lidam e em relação à articulação argumentativa dessas unidades mínimas do pensar filosófico. Hamann, Kierkegaard, Nietzsche ou Heidegger são obviamente pensadores deste tipo. Mas, num sentido mais abrangente do papel da expressão em filosofia, vários outros autores poderiam ser aqui nomeados, designadamente Immanuel Kant, sobre cujo estilo do filosofar têm recaído, entre nós, alguns estudos luminosos de Leonel Ribeiro dos Santos[9].

---

[9] Vejam-se, em particular, os dois primeiros ensaios contidos em Leonel Ribeiro dos Santos, *A Razão Sensível. Estudos Kantianos*, Lisboa: Colibri, 1994, pp. 13-67, e muito especialmente Leonel Ribeiro dos Santos, *Metáforas da Razão ou Economia Poética do Pensar Kantiano*, Lisboa: F. C. Gulbenkian / JNICT, 1994, *passim*.

O texto filosófico (como, aliás, sucede também com o texto literário) tem a sua singularidade própria. Mesmo no interior da obra
de um dado autor, cada texto tem inevitavelmente as suas próprias
características que o fazem diferir de outros, ainda que dedicados
à mesma problemática. No plano da filosofia, esta singularidade
de cada texto prende-se directamente com o tópico da *existência*
que vimos emergir na passagem kierkegaardiana acima citada.
Poder-se-ia falar da própria existência de um texto e, por outro
lado, da existência do seu autor no período da feitura do texto e,
mais especificamente ainda, na sucessão de instantes dessa feitura, designadamente aqueles instantes que constituem irrupções
fortes de uma luminosidade criativa imediata, para a qual contri-
buem, sem dúvida, todos os passos anteriores da discursividade
filosófica, mas que nem por isso deixam de surgir numa espécie de
descontinuidade radical que é, afinal, precisamente aquilo a que
chamamos a singularidade de um filosofema, de uma categoria, de
uma analogia produtiva, e assim por diante. A existência, como
vimos, contrapõe-se ao abstracto.

No caso de um texto filosófico e do autor de um texto dessa ordem,
a consideração do plano existencial em que ambos se situam afasta
decididamente esses dois existentes de qualquer nível de generalidade, no qual o texto se identificasse como mero caso particular de
uma suposta instância abstracta, o texto-em-geral, e os instantes
autorais se identificassem como caso particular de uma abstracção
que desse pelo nome de autor-em-geral. Por outras palavras, texto
e instante autoral são *indivíduos* – à imagem daquilo que Wilhelm
von Humboldt dizia acerca das próprias palavras[10] –, e é como tal
que devem ser tratados em qualquer abordagem hermenêutica,
incluindo a tradução. A tradução de tais textos terá de tomá-los no
plano da sua singularidade existencial e transpô-los para a língua
alvo de modo a que essa mesma singularidade se não dilua na generalidade de um discurso destituído de características específicas
ou, o que seria porventura pior ainda, na «harmonia pré-

---

[10] W. von Humboldt, «Latium und Hellas oder Betrachtungen über das classische
Alterthum», *in*: W. von Humboldt, *Werke in fünf Bänden*, herausgegeben von
Andreas Flitner und Klaus Giel, Bd. 2, Schriften zur Altertumskunde und
Ästhetik. Die Vasken, Stuttgart: J. G. Cotta'sche Buchhandlung, 1969, p. 60.

estabelecida» de uma discursividade totalmente assimilada pelos hábitos cristalizados do leitor da língua de chegada.

O tradutor de textos filosóficos marcados pela respectiva singularidade tem de ser capaz de retirar as conclusões últimas da formulação encontrada por Walter Benjamin em «A tarefa do tradutor» ao abordar o problema da tradução do texto literário: «[...] aquela tradução que quer transmitir nada mais poderia transmitir do que a comunicação – portanto, algo de inessencial.»[11] O essencial não é a mera comunicação, como também não é a mera transmissão. O essencial na tradução do texto filosófico singular – e entendemo-lo aqui num sentido não propriamente benjaminiano como um caso muito especial do texto literário – é precisamente a sua singularidade, o que significa que a mera transmissão informativa é precisamente o que menos conta, ou aquilo que só conta se, antes de mais, a singularidade do texto de partida for efectivamente retomada no texto alvo. E, como já ficou dito, esta singularidade reporta-se à subjectividade – por oposição à suposta objectividade – e significa, nas palavras de Kierkegaard, «paixão da infinitude», ou seja, relação irredutível com a abertura à multiplicação dos «comos», o que quer dizer, à proliferação irreprimível dos estilos e das respectivas leituras.

---

[11] Walter Benjamin, «Die Aufgabe des Übersetzers», *in*: W. Benjamin, *Gesammelte Schriften*, Bd. IV-1, Frankfurt a.M.: Suhrkamp Verlag, 1972, p. 9.

2. Projecto de Tradução de Obras de Kierkegaard

O grupo de trabalho que no Centro de Filosofia da Universidade de Lisboa tem vindo a trabalhar num projecto de tradução de obras de Søren Kierkegaard situadas entre 1838 e 1844 tem desenvolvido sobre o problema da tradução dos estilos do autor em causa uma reflexão aprofundada que tem contado com a colaboração de especialistas estrangeiros convidados. Dessa reflexão resulta um levantamento de diversas situações:

1. Existem em Kierkegaard, nomeadamente no período em apreço, diferenças estilísticas notáveis entre diferentes obras assinadas pelo próprio autor. Um exemplo evidente é o que resulta do contraste entre *Sobre o Conceito de Ironia com Constante Referência a Sócrates* (trabalho académico que o autor apresentou como tese à Universidade de Copenhaga em 1841) e as diversas recolhas de *Discursos Edificantes* (publicadas entre 1843 e 1844, num registo marcadamente homilético, em parte de interpretação e comentário de passagens bíblicas).

2. Existem diferenças estilísticas nítidas entre textos assinados pelo próprio autor e outros assinados por autores pseudonímicos tratando assuntos afins. Como exemplo podemos citar o contraste entre os *Discursos Edificantes* e o texto *Temor e Tremor* do pseudónimo Johannes *de silentio*. Neste último caso, se bem que o propósito seja obter uma compreensão da «fé» a partir da leitura da passagem bíblica relativa a Abraão e Isaac, nada subsiste do registo homilético, e o texto apresenta-se no seu próprio subtítulo como uma «Lírica Dialéctica». Cito do Prefácio: «O presente autor não é de todo filósofo, *poetice et eleganter* [de uma maneira poética e elegante] é um escritor extra-ordinário que nem escreve o sistema nem as promessas sobre o sistema, que nem subscreve o sistema, nem se inscreve no sistema. Escreve porque isso é para si um luxo [...].»[12] Deste modo, é possível de facto identificar ao longo da obra, em combinações variadas, a predominância de um

---

[12] SKS 4, 103. S. Kierkegaard, *Temor e Tremor*, tradução, introdução e notas de Elisabete M. de Sousa, Lisboa: Relógio d'Água, 2009, p. 52.

estilo lírico ou a predominância de um registo dialéctico dirigido contra a ideia de sistema. Se por um lado, os capítulos «Disposição» e «Elogio de Abraão» são manifestamente líricos (embora este último seja marcado por um profundo trabalho retórico de matriz dialéctica), os «Problemata» I e II expõem um raciocínio predominantemente dialéctico. Por outro lado, a «Expectoração preliminar», que introduz os «Problemata», apresenta uma simbiose dos dois registos, tal como sucede com o «Problema III» que, embora estruturado como os dois anteriores, isto é, de acordo com o modelo da *disputatio*, assenta os seus exemplos em episódios cujo tratamento literário é o factor decisivo para a validação do argumento, podendo mesmo dizer-se que a figura de Abraão é delineada graças à acumulação deste trabalho poético.

3. Existem igualmente diferenças muito significativas entre os estilos dos diferentes pseudónimos. Digamos apenas, a título de exemplo, que o estilo – ou, como vimos, os estilos – de Johannes *de silentio*, em *Temor e Tremor*, o de Constantin Constantius, em *A Repetição*, e o de Johannes Climacus, em *Migalhas Filosóficas* ou no *Postscriptum Conclusivo Não-Científico* às Migalhas Filosóficas, são marcadamente diferentes. *A Repetição* apresenta-se como «Um ensaio em psicologia experimental» (ou, se quisermos, «experimentante») e o estilo de Constantius (deixando de lado, por agora, o estilo das cartas que Constantius recebe do Jovem) oscila entre, por um lado, a necessidade de estabelecer uma distinção histórico-filosófica entre «repetição» e «anamnese», com a consequente determinação da categoria de repetição, e, por outro lado, o comentário muitas vezes altamente personalizado e irónico às cartas do Jovem ou às suas atitudes. Quanto a Johannes Climacus, pode dizer-se que assume com frequência o registo da história da filosofia e da própria filosofia hegeliana (em particular no que respeita à lógica) no sentido de pôr em prática aquilo a que chama um «Projecto de Pensamento» que tem por último objectivo desarticular a ideia de que seja possível uma demonstração racionalizada da incarnação. E acrescente-se que, muito especialmente em *Migalhas Filosóficas*, a questão da proliferação dos estilos é de tal forma vincada que faz sentido deixar de falar somente em diversidade para passarmos a referirmo-nos a uma autêntica heterogeneidade interna da obra, já que, quer do ponto de vista temático, quer do ponto de vista dos conceitos operatórios centralmente

activos em cada capítulo, a dispersão estilística, conceptual e temática atinge níveis dificilmente comparáveis com o que acontece no seio de outras obras do autor.[13]

4. Por último, interessará insistir no facto de, dentro de uma mesma obra (ou, por vezes, dentro de uma parte de uma mesma obra), podermos encontrar opções estilísticas manifestamente diversas. Falámos já das duas tendências estilísticas de Johannes *de silentio* em *Temor e Tremor*. Poderíamos também acrescentar aos dois registos de Constantius que assinalámos em *A Repetição* um terceiro: o das cartas do Jovem correspondente de Constantius, escritas em tonalidade profundamente confessional, por vezes melancólica e, em simultâneo, auto-reflexiva, com a particularidade de a melancolia do Jovem ser acompanhada em contraponto pela invocação da resignação de Job, o que permite exactamente a possibilidade de traçar a evolução da disposição do Jovem. Mas quero referir-me em particular a duas outras situações de proliferação estilística: a de *Enten-Eller* e a dos *Estádios no Caminho da Vida*.

4.1. Em *Enten-Eller* haverá que distinguir o estilo do «Prefácio» de Victor Eremita, uma acentuada multiplicidade estilística nos papéis de A e pelo menos dois registos diversos nos papéis de B. Victor Eremita desempenha o papel de um organizador dos textos acidentalmente encontrados, apresentando a situação de um modo objectivo, mas nem por isso destituído de características quase picarescas. Nos papéis de A, haverá que distinguir em primeiro lugar os «Diapsalmata», nos quais se podem encontrar dois grandes grupos: os de tonalidade disfórica e os de tonalidade eufórica; estas tonalidades aparecem em várias combinações com disposições predominantemente irónicas ou melancólicas. Há depois um conjunto de textos em que domina o estilo do recenseador ou, se

---

[13] Tratei este assunto pormenorizadamente em várias circunstâncias, designadamente na Introdução à minha tradução da obra em causa (S. Kierkegaard, *Migalhas Filosóficas*, tradução, introdução e notas de J. M. Justo, Lisboa: Relógio d'Água, 2012, pp. 9-25), no texto «Kierkegaard's Writing and Infinitude. If we are Finite, How can We Relate or Refer to Infinitude?», *in*: José Miranda Justo, Elisabete M. de Sousa (eds.), *Kierkegaard and the Challenges of Infinitude. Philosophy and Literature in Dialogue*, Lisboa: CFUL, 2013, pp. 173-184, e também em «Kierkegaard: Unity or Singularity», *Rivista di Filosofia Neo-Scolastica*, 3-4 (2013), pp. 897-912.

quisermos, do crítico literário: os capítulos sobre o «erótico-musical», sobre o trágico, as «Silhuetas» e «O primeiro amor». Nestes quatro capítulos há sobretudo um narrador preocupado em cativar o leitor para a sua perspectiva, o que se articula com um abundante uso de construções passivas. O capítulo «O mais infeliz» consegue uma estranha simbiose estilística entre a jovialidade do discurso narrativo e uma tónica muito marcada colocada sobre a problemática existencial e as respectivas implicações filosóficas e religiosas. O «Diário do sedutor» põe em jogo uma combinação específica de diarismo e epistolografia. O capítulo «Rotação de culturas» situa-se numa discursividade assimilável à da ironia romântica, usando uma opção nitidamente não-confessional para travar o combate com o tédio. Quanto aos papéis de B distinguiríamos os dois capítulos mais extensos, em que se joga uma prolixa retórica de persuasão, profusamente argumentada, e o «Ultimatum», em que entra em acção o conceito de «edificação» que implica o encaminhamento para um modo paradoxal de concluir, o que se traduz estilisticamente pela brevidade e pela concisão.

4.2. Nos *Estádios no Caminho da Vida*, de 1845, a situação é porventura menos dispersiva, mas ainda assim razoavelmente complexa. Começamos por encontrar um relato objectivo do modo como Hilarius Bogbinder descobre e decide publicar um conjunto de manuscritos. Destes, o primeiro é «In vino veritas», que tem um narrador, William Afham, que escreve um «Prelúdio», no qual, em registo predominantemente teorizante, se desenvolve a diferença entre memória e recordação; o mesmo narrador é igualmente responsável por um epílogo, sem título, que tem carácter misto, já que a uma parte narrativa, se seguem considerações de natureza pelo menos parcialmente confessional. Pelo meio temos a narração do banquete, com o relato, em discurso directo, das intervenções dos cinco convivas em torno do tema do amor e da mulher; os cinco registos apresentam diferenças nítidas, designadamente quanto às modalidades de ironia, humor e chiste que cada um emprega. O segundo manuscrito é putativamente da autoria do Juiz responsável pela redacção dos papéis de B em *Enten-Eller*: digamos que o registo é idêntico ao que assinalámos acima para os dois textos mais extensos de B em *Enten-Eller*. O terceiro manuscrito, «'Culpado' / 'Não Culpado'», apresenta-se como «uma história de sofrimento», «uma construção psicológica imaginária» de um tal

Frater Taciturnus; este pseudónimo, porém, só assina a apresentação e o texto final, atribuindo o «romance epistolar» a um «quidam» («um certo [indivíduo]»). O longo romance epistolar caracteriza-se por uma insistência constante em temas como a «depressão», a «solidão», o «sofrimento», entrelaçados com uma reflexão que «leva a paixão ao seu limite extremo».

3. Conclusões

O conjunto de observações estilísticas que aqui reunimos – e que não pretende de modo algum ser exaustivo – permitirá porventura compreender as dificuldades que se oferecem a um trabalho de tradução dos textos de Kierkegaard que procure não perder de vista os valores textuais que assinalámos. Se seguirmos um critério tradutológico orientado para a máxima reprodução possível desses valores textuais e da sua funcionalidade, decerto que estaremos a entrar largamente num território diametralmente oposto ao daquelas traduções que tudo apostam, como referimos acima, na «harmonia pré-estabelecida» da língua e da cultura de chegada, ou seja, estaremos a entrar naquele território em que, como dizia Schleiermacher, às traduções «se terá de permitir muita coisa que noutras situações não se pode sequer admitir que transpareça»[14]. E isto porque, para dizer de um modo radical, Kierkegaard e a sua multiplicidade estilística estão profundamente inscritos na matriz linguístico-cultural dinamarquesa (sendo inclusivamente estruturantes dessa matriz) e não se deixam nacionalizar numa outra, da mesma forma que se não deixam simplesmente universalizar. São as línguas de chegada e as culturas que lhes estão associadas que têm de se mover – ou, se quisermos, têm de se deixar desordenar e reordenar – para transformar a «tradutibilidade [...] essencial» (W. Benjamin[15]) dos estilos kierkegaardianos em tipos de discursividade que sejam capazes de fazer justiça aos textos, aos estilos e à diversidade do pensamento de Kierkegaard (ou de qualquer outro autor que levante problemas da natureza daqueles que descrevemos).

Uma nota final. Como é evidente os problemas descritos não têm o mesmo peso quando se traduz para uma língua histórica e estruturalmente próxima do Dinamarquês; assim, as traduções alemãs existentes das obras de Kierkegaard conseguem de um modo geral reproduzir com assinalável rigor os necessários cambiantes estilísticos. Mas várias outras traduções que temos analisado, quer para

---

[14] F. D. E. Schleirmacher, *Sobre os diferentes métodos de traduzir*, Porto: Porto Editora, 2003, edição bilingue, tradução, introdução, notas e posfácio de J. M. Justo, pp. 151-153.
[15] W. Benjamin, *op. cit.*, p. 10.

a língua inglesa, quer para línguas românicas, socorrem-se com frequência de métodos adaptativos – ou, se quisermos dizer assim, «domesticantes» –, designadamente na pontuação ou na segmentação dos períodos mais longos ou ainda por via de interpolações, de explicitações de segmentos em que predomina o implícito ou, em certos casos, por via de uma total reconfiguração dos períodos, distorcendo notoriamente as características estilísticas pertinentes, ou seja, fazendo algo a que se poderia aplicar o que está contido na citação que Hamann faz do Conde de Roscommon: «E mostra o material, mas não a habilidade do artífice». É precisamente isso que temos tentado evitar, na intenção de devolver ao público de língua portuguesa a multiplicidade estilística kierkegaardiana na sua efectiva estranheza e consequentemente na integral «habilidade do artífice», na suposição de que a «habilidade» estilística não é aqui um mero artifício, mas precisamente o que mais importa.

Dados Biográficos dos Autores

Maria Clotilde Almeida

Docente de linguística da FLUL desde 1982, doutorada em Linguística (especialidade Linguística Alemã) em 1997, publicou várias dezenas de artigos em editoras internacionais, com destaque para Nokus Publikationen, Peter Lang, Duden Verlag e Cambridge Scholars Publishing, nos domínios da Linguística Cognitiva (metáfora monomodal e multimodal), Linguística Cognitiva Aplicada à Tradução e Linguagens dos Jovens, Discurso Digital e Variação. Assumiu a coedição de "Questions on the Linguistic Sign", "Questions on Language Change" "Digital Discourse-no prelo", sendo coautora da obra "Jogar Futebol com as Palavras. Imagens metafóricas no jornal A Bola". Enquanto docente na FLUL do Mestrado em Tradução (de que foi directora de 2010 a 2016) e do Mestrado e Doutoramento em Cultura e Comunicação supervisionou várias dezenas de teses de mestrado e de doutoramento nos subdomínios da linguística acima apontados.

Luís Cavaco-Cruz

Nascido em Almada, Portugal, Luís Cavaco-Cruz é luso-americano depois de muitos anos vividos nos E.U.A., onde foi professor do ensino secundário e superior. Licenciado em Estudos Portugueses em 1996, e Mestre em Tradução em 2012, ambos pela FLUL, onde também finaliza o seu doutoramento em Linguística Aplicada, na área da Tradução e Escrita Técnicas. Tradutor e Escritor Técnico, já nos E.U.A., desde 2001, Luís é autor do primeiro livro sobre Tradução Técnica em Língua Portuguesa (o *Manual Prático e Fundamental de Tradução Técnica*, 2012), o qual é usado por universidades portuguesas e brasileiras em várias bibliografias básicas no ensino da Tradução. Em 2015 ganhou uma das cinco bolsas anuais da ASTM International para a escrita do seu novo livro *Manual de Português Técnico*, obra também ela ímpar em Língua Portuguesa, já no prelo.

Iolanda Ramos

Iolanda Ramos é docente na Faculdade de Ciências Sociais e Humanas da Universidade Nova de Lisboa, onde leciona Estudos Ingleses, Estudos Culturais e Estudos de Tradução. Doutorou-se em Cultura Inglesa em 2000 e é investigadora no Centre for English, Translation and Anglo-Portuguese Studies (CETAPS). É autora de diversas publicações em editoras nacionais e internacionais no âmbito da comunicação intercultural e da transculturalidade. Foi coordenadora da secção de Estudos Ingleses e Norte-Americanos do Departamento de Línguas, Culturas e Literaturas Modernas, bem como coordenadora do programa Erasmus e coordenadora do Mestrado em Tradução.

Raquel Ribeiro

Raquel Ribeiro nasceu em Lisboa. Licenciada em Tradução, variante Inglês e Francês (2011) e mestre em Tradução, área de especialização em Inglês (2013), ambos os graus conferidos pela Faculdade de Ciências Sociais e Humanas da Universidade Nova de Lisboa. A sua dissertação teve como enfoque a análise de questões relacionadas com a vertente transcultural do processo tradutório e da importância do tradutor enquanto mediador cultural. Actualmente, trabalha como tradutora freelancer.

Teresa Costa Alves

Teresa Costa Alves é licenciada em Ciências da Comunicação pela Universidade Nova de Lisboa e Mestre em Tradução pela mesma universidade. É investigadora no Centro de Estudos de Comunicação e Sociedade (CECS) e encontra-se presentemente a ultimar a sua tese de doutoramento em Ciências da Comunicação pela Universidade do Minho no campo dos Estudos de Rádio. Enquanto tradutora e investigadora, tem reflectido sobre interceptações criativas na tradução do texto publicitário. No âmbito dos seus estudos, foi bolseira de doutoramento da FCT, investigadora convidada na Universidade Paulista, no Brasil, e investigadora visitante na Universidade de Berkeley, nos Estados Unidos. Profissionalmente, é produtora e repórter na Rádio Renascença desde 2003.

José Miranda Justo

Doutorou-se pela Universidade de Lisboa em 1990 com uma dissertação sobre história da filosofia da linguagem na Alemanha. É Professor Associado do Departamento de Estudos Germanísticos da Faculdade de Letras da Universidade de Lisboa. Desenvolve a sua actividade de investigação no Centro de Filosofia da Universidade de Lisboa desde a respectiva fundação. No CFUL coordenou os projectos de investigação «Sujeito e Passividade» e «Tradução de Obras de Kierkegaard»; é actualmente investigador principal do projecto «Experimentação e Dissidência», financiado pela FCT. As suas áreas de interesse são a Estética e a Filosofia de Arte, a Hermenêutica, a História da Filosofia da Linguagem e os Estudos de Tradução. Publica regularmente nas áreas mencionadas. É o tradutor português da conferência de Schleiermacher «Sobre os diferentes métodos de traduzir». É co-organizador (com Teresa Seruya) do volume *Rereading Schleiermacher: Translation, Cognition and Culture*, editado em 2016 pelo Springer Verlag.

www.ingramcontent.com/pod-product-compliance
Lightning Source LLC
Chambersburg PA
CBHW070037100426
42740CB00013B/2715

* 9 7 8 0 9 9 9 8 5 0 9 5 0 1 *